# IT-Projektmanagement kompakt

**Werke der „kompakt-Reihe" zu wichtigen Konzepten und Technologien der IT-Branche:**
- ermöglichen einen raschen Einstieg,
- bieten einen fundierten Überblick,
- sind praxisorientiert, aktuell und immer ihren Preis wert.

**Bisher erschienen:**
- Heide Balzert
  UML kompakt, 2. Auflage
- Andreas Böhm / Elisabeth Felt
  e-commerce kompakt
- Christian Bunse / Antje von Knethen
  Vorgehensmodelle kompakt, 2. Auflage
- Holger Dörnemann / René Meyer
  Anforderungsmanagement kompakt
- Christof Ebert
  Outsourcing kompakt
- Christof Ebert
  Risikomanagement kompakt
- Karl Eilebrecht / Gernot Starke
  Patterns kompakt, 2. Auflage
- Andreas Essigkrug / Thomas Mey
  Rational Unified Process kompakt, 2. Auflage
- Peter Hruschka / Chris Rupp / Gernot Starke
  Agility kompakt
- Arne Koschel / Stefan Fischer / Gerhard Wagner
  J2EE/Java EE kompakt, 2. Auflage
- Michael Kuschke / Ludger Wölfel
  Web Services kompakt
- Torsten Langner
  C# kompakt
- Pascal Mangold
  IT-Projektmanagement kompakt, 2. Auflage
- Michael Richter / Markus Flückiger
  Usability Engineering kompakt
- Thilo Rottach / Sascha Groß
  XML kompakt: die wichtigsten Standards
- SOPHIST GROUP / Chris Rupp
  Systemanalyse kompakt, 2. Auflage
- Ernst Tiemeyer
  IT-Controlling kompakt
- Ernst Tiemeyer
  IT-Servicemanagement kompakt
- Ralf Westphal
  .NET kompakt
- Ralf Westphal / Christian Weyer
  .NET 3.0 kompakt

Pascal Mangold

# IT-Projektmanagement kompakt

3., erweiterte Auflage

**Autor:**
Pascal Mangold
E-Mail: pascal.mangold@mangold-international.com

Für weitere Informationen zum Buch siehe:
www.it-projektmanagement-kompakt.de

**Wichtiger Hinweis für den Benutzer**
Der Verlag und der Autor haben alle Sorgfalt walten lassen, um vollständige und akkurate Informationen in diesem Buch zu publizieren. Der Verlag übernimmt weder Garantie noch die juristische Verantwortung oder irgendeine Haftung für die Nutzung dieser Informationen, für deren Wirtschaftlichkeit oder fehlerfreie Funktion für einen bestimmten Zweck. Der Verlag übernimmt keine Gewähr dafür, dass die beschriebenen Verfahren, Programme usw. frei von Schutzrechten Dritter sind. Die Wiedergabe von Gebrauchsnamen, Handelsnamen, Warenbezeichnungen usw. in diesem Buch berechtigt auch ohne besondere Kennzeichnung nicht zu der Annahme, dass solche Namen im Sinne der Warenzeichen- und Markenschutz-Gesetzgebung als frei zu betrachten wären und daher von jedermann benutzt werden dürften. Der Verlag hat sich bemüht, sämtliche Rechteinhaber von Abbildungen zu ermitteln. Sollte dem Verlag gegenüber dennoch der Nachweis der Rechtsinhaberschaft geführt werden, wird das branchenübliche Honorar gezahlt.

**Bibliografische Information der Deutschen Nationalbibliothek**
Die Deutsche Nationalbibliothek verzeichnet diese Publikation in der Deutschen Nationalbibliografie; detaillierte bibliografische Daten sind im Internet über http://dnb.d-nb.de abrufbar.

Springer ist ein Unternehmen von Springer Science+Business Media
springer.de

3. Auflage 2009
© Spektrum Akademischer Verlag Heidelberg 2009
Spektrum Akademischer Verlag ist ein Imprint von Springer

09  10  11  12  13     5  4  3  2  1

Planung und Lektorat: Dr. Andreas Rüdinger, Anja Groth
Herstellung: Andrea Brinkmann
Umschlaggestaltung: SpieszDesign, Neu-Ulm
Grafiken: Pascal Mangold
Satz: Crest Premedia Solutions [P] Ltd., Pune, Maharashtra, India
Druck und Bindung: Krips b.v., Meppel

ISBN 978-3-8274-1937-8

# Vorwort

# In der Nussschale übers offene Meer

## Zur dritten Auflage

Sind Sie auch schon einmal auf dem 5-m-Turm im Schwimmbad gestanden und haben respektvoll nach unten geblickt? Wenn ja, dann wissen Sie, wovon ich spreche, wenn nicht, dann lassen Sie mich die Situation kurz beschreiben:

- Erster Gedanke: Boaah, ist das hoch! Hat von unten gar nicht so ausgesehen!
- Zweiter Gedanke: Wie komme ich da bloß wieder runter?
- Dritter Gedanke: Wer schaut alles zu?

Seit Ihrem zwölften Lebensjahr sind vermutlich einige Jahre vergangen, und bis heute haben Sie viele unterschiedliche Probleme gemeistert. Sie haben komplexe Methoden und Tricks gelernt und sich im Privat- und Arbeitsleben auf spezielle Problemlösungsstrategien spezialisiert. Eines hat sich aber in all den Jahren nicht geändert: 5 m sind immer noch ziemlich hoch! Ich hoffe, Sie finden beim Lesen dieser überarbeiteten dritten Auflage heraus, wie Sie bei Ihrem Sprung notfalls ganz schnell ein paar Flügel zaubern und was Sie sonst noch alles tun können, wenn plötzlich jemand unter Ihnen das Becken leer pumpt.

In dieser Auflage wurden neben einem neuen Kapitel zum Thema Projektumfeld einige wertvolle Tipps an verschiedenen Stellen eingearbeitet und bestehende Kapitel nach neuen Erkenntnissen erweitert.

Viel Spaß beim Lesen wünscht Ihnen Ihr Pascal Mangold.

Anregungen und Feedback sind jederzeit willkommen. Kontaktieren Sie mich gerne über www.it-projektmanagement-kompakt.de.

## Zur zweiten Auflage

Die Notwendigkeit einer weiteren Auflage innerhalb kürzester Zeit zeigt, dass das Buch offensichtlich „den Nagel auf den Kopf" getroffen hat. Um Ihnen deshalb noch schneller das Finden wichtiger Stellen zu ermöglichen, wurde ein Index eingeführt. Dieser unterscheidet sich von anderen Indices dadurch, dass beispielsweise unter dem Wort „Kosten" keine trockene betriebswirtschaftliche Definition des Begriffs zu finden ist, sondern Textpassagen, in welchen dieses Thema eine wichtige Rolle spielt. So werden vergleichsweise unter dem Begriff „Risiko" keine Formeln zu finden sein, wie Sie alle Risiken in Ihrem Projekt vermeiden. Vielmehr werden Sie Beispiele oder Anmerkungen finden, die zum Nachdenken anregen, so dass Sie das Thema spezifisch für Ihren eigenen individuellen Fall lösen können.

Diese Art der Indizierung ermöglicht somit den Quereinstieg zu typischen Begriffen aus der täglichen Arbeitswelt. Trotzdem sollten Sie das Buch zumindest im ersten Durchgang chronologisch lesen, denn die Kapitel sind meist aufeinander aufgebaut.

Neben dieser Indizierung wurden auf Anregung einiger Leser zusätzliche, neue Textpassagen eingefügt.

# Warum noch ein Buch zu Projektmanagement?

Planungstechniken, Kenntnisse über ISO 9001 und UML sind bei der Projektarbeit im IT-Bereich notwendiges Handwerkszeug. Fachwissen alleine reicht jedoch für die erfolgreiche Durchführung von Projekten nicht aus. Projektarbeit hat immer etwas mit Menschen zu tun, die in anstehenden Aufgaben zusammenarbeiten sollen. Mit Tools und Prozessmodellen alleine lässt sich ein solcher Komplex nicht beherrschen. Deshalb ist dieses Buch auch keine x-te Ausführung der Art „101 Checklisten für erfolgreiche Projektdurchführung". Niemand wird ein virtuoser Liedermacher, indem er sich die unterschiedlichsten Instrumente kauft. Ein fundamentales Interesse für Musik, Geschichte, Kunst, Poesie und Politik und die entsprechende Begeisterung für das Thema hilft hier jedoch erheblich weiter. Unter diesen Voraussetzungen können auch Partiturvorlagen und Kompositionslehrbücher ihren vollen Nutzen entfalten.

Ich hoffe, mit diesem Buch die Brücken zu schlagen, die ich zwischen bestehender Literatur zu Softwareentwicklung, Projektmanagement, Qualität und Führung immer vermisst habe.

### Die wichtigsten Dokumente und Hilfsmittel im Überblick

Einige Vorlagen dazu finden Sie unter www.it-projektmanagement-kompakt.de.

# Inhalt

# Höhlenmalerei

Die Disziplin des Bauwesens kann auf eine mindestens 4000-jährige Historie zurückblicken. Angenommen, dass wir seit etwa 40 Jahren Software entwickeln, entspricht dies in etwa einem Prozent des Wissens der Informatik gegenüber dem Bauwesen. Wir befinden uns sozusagen in der Informatiksteinzeit. Dass bei der Softwareentwicklung überhaupt etwas in unserer Zeit Einsetzbares entsteht, liegt natürlich daran, dass unser Wissen interdisziplinär exponentiell steigt und somit tatsächlich über einem Prozent liegt. Relativ gesehen sind wir jedoch derzeit noch mit dem Ausmalen unserer Höhlen beschäftigt.

Wenn Sie heute einen Architekten beauftragen, ein Haus zu planen, wird dieser sicher auf vorhandenes Wissen zurückgreifen und Räume, Türen, Fenster, Wasserrohre und Elektroleitungen nach einem bestimmten Muster anordnen. Kein vernünftiges Muster würde dabei vorsehen, dass ein Abwasserrohr quer durch ein Zimmer läuft. In der Softwareentwicklung haben wir aber noch kein Verständnis davon, was allgemein als „vernünftig" anzusehen ist. Natürlich gibt es bereits jetzt eine Vielzahl von Methoden und Techniken – und jede postuliert die derzeit beste zu sein. Was uns fehlt, sind Erfahrung und ein gemeinsames Verständnis von Softwareentwicklung. Beides werden wir nicht *ad hoc* aufbauen können. Entwicklungen wie Design Patterns, Architectural Modelling oder die Akzeptanz von UML und Java zeigen jedoch eine Konzentration hin zu bestimmten Methoden und Technologien. Wohin uns dieser Weg führt, ist ungewiss. Klar ist jedoch, dass es zum aktuellen Zeitpunkt weder eine Methode noch ein Tool gibt, mit der oder dem sich automatisch erfolgreich Software entwickeln ließe. Auch wenn der eine oder andere Hersteller diesen Glauben erzeugen mag.

IT-Projekte sind anerkanntermaßen in vielen Aspekten mit dem Bauwesen vergleichbar. Wie passend dieser Vergleich ist, zeigen Organisationen wie *„World Wide Software Architects"*, deren Motivation und Philosophie aus dem Bereich der Architektur stammt. Ein interessanter Aspekt ist sicherlich, dass heute zumindest in der westlichen Welt niemand ernsthaft ein Gebäude errichten würde, ohne dies vorher sauber mit Fachleuten geplant und berechnet zu haben. In der Softwareentwicklung machen wir es jedoch oft ganz anders: Wir fangen einfach an. Anschließend wundern wir uns, dass es so kompliziert und langwierig wird, und stecken die Hälfte unseres Geldes in Prozessverbesserungsvorschläge.

Solange wir noch keine Sensibilität für selbstverständlich strukturiertes Vorgehen in IT-Projekten entwickelt haben, werden wir mit vergleichbarem Aufwand auch keine vergleichbaren Softwaregebäude bauen können. Wir müssen lernen, was es heißt, Software zu entwickeln, und wie dies ideal realisiert werden kann. Die Nutzung bestehender Kenntnisse über Management, Forschung, Entwicklung, Produktion und Qualität kann dazu einen wesentlich größeren Beitrag leisten als Kurse wie „MS-Projekt in 7 Tagen" und „*fundamentals of CORBA programming*".

Erlauben Sie mir, dass ich dieses Buch mit dem Thema Qualität beginne. Eventuell haben Sie bereits einige andere Publikationen zu Projektmanagement gelesen. Vielleicht ist Ihnen dabei aufgefallen, dass Aussagen wie „*in time, quality and budget*" oftmals sehr früh fallen, aber anschließend oft nur seitenlang über Planung, Prozesse und Konflikte gesprochen wird. Wenn überhaupt, dann folgt ein Kapitel über Qualität meist erst gegen Ende. Darin finden sich regelmäßig ein paar Ausführungen zum Thema ISO 9001. So wird der Leser in seiner Gewissheit bestärkt, dass er sich einmal mit diesem Thema ausführlicher auseinandersetzen müsste. Das finde ich merkwürdig. Denn ein Verständnis darüber, was Qualität überhaupt bedeutet, wie sie erfahrbar wird und wie sie in ein Unternehmen eingebettet ist, ist Grundvoraussetzung für tatsächlich erfolgreiche Projekte.

# Erfolgreiche Projekte?

Projekte in *time* and *budget* abzuwickeln, ist im Prinzip nicht schwer. Aber ist ein solches Projekt auch „*in quality*"? Es ist ein leider weit verbreiteter Irrglaube, dass Projekte, die im Budgetrahmen rechtzeitig fertig geworden sind, auch automatisch *in quality* sind. Oberflächlich betrachtet mag das stimmen, weshalb diese Ansicht auch existiert. Werden solche Projekte aber insbesondere nach Fertigstellung, während der Einführung oder des Betriebs unter der Lupe beobachtet, so zeigt sich häufig, dass auftretende Fehler und Mängel als „typische Begleiterscheinung" von IT-Projekten akzeptiert und unter der Hand auf Kosten anderer Projekte oder in Nacht- und Wochenendarbeit nachgebessert werden. Dass unter solchen Störungen andere Projekte leiden, fällt den wenigsten dabei auf. Alle Projekte laufen vermeintlich in *time*, *budget* and *quality* ab, während zugleich die Betroffenen über das schlechte Gesamtergebnis klagen und sich über hohe Allgemeinkosten und die Fluktuation guter Mitarbeiter wundern. Es entsteht ein Teufelskreislauf. Heutige IT-Projekte weisen solche Probleme auf. Andernfalls wären wir nicht ständig auf der Suche nach neuen Methoden und Tools, die uns helfen, „es besser zu machen". Nicht aber die Tools können uns helfen, sondern ein Grundverständnis darüber, wie etwas „gut" gemacht wird.

Spätestens seit der Qualitätswelle der 1970er Jahre gibt es allgemein bekannte und anerkannte Auswirkungen „schlechter" Qualität. Deshalb zieht sich die Forderung nach Qualität und dem Nachweis von durchgeführten Qualitätssicherungsmaßnahmen immer mehr durch alle Branchen. Die gesetzliche Produkthaftung verleiht dem Thema entsprechend Nachdruck. Es genügt heute nicht mehr, Kunden mit neuen Marketing- und Verkaufsstrategien zu gewinnen. Im Rahmen des zunehmenden Preisdrucks, bei gleichzeitig steigenden Ansprüchen aller Marktteilnehmer, sinkt die Markengläubigkeit vieler Kunden. Manch einer setzt lieber auf einen Außenseiter mit guten Referenzen als auf alt eingesessene, aber teure Markenunternehmen. Objektiv erfahrbare Qualität bestimmt vermehrt Konkurrenzfähigkeit und langfristige Kundenbindung. Unternehmen, die nicht wissen, wie Qualität produziert werden kann, werden dies mit Sicherheit zunehmend an rückläufigen Umsatzzahlen spüren. Gleichermaßen werden die Kosten für Nachbesserungen steigen, da auch die Komplexität moderner Lösungen stetig zunimmt. Vermutlich werden diese Kosten sogar überproportional steigen, da solche Lösungen in ihrer Gesamtheit immer weniger beherrschbar werden.

Es erscheint zwar unlogisch, dass der Zusammenhang zwischen Gewinn und Qualität nicht schon früher entdeckt wurde, tatsächlich sind aber Fehler vor der Qualitätswelle als „systemgegeben" und damit „völlig normal" betrachtet worden. Es war einfach so, dass z. B. in der Automobilindustrie Löcher in einer Karosserie mal hier und mal dort gebohrt wurden. „Wenn's nicht passt, lässt es sich ja reparieren." Es wurde als unnötig oder zu teuer angesehen, es gleich von Anfang an richtig zu machen. Dies liegt nun schon über 30 Jahre zurück, und die Softwareindustrie hat daraus fast nichts gelernt. „Wir kompilieren das mal schnell. Wenn's nicht geht, können wir's ja debuggen." Adieu, Gewinn.

## Was bedeutet Qualität?

„Wir produzieren Qualität", „Bei uns ist alles qualitätsgesichert" oder „In unseren Projekten gibt es eine kontinuierliche Qualitätssicherung" sind oft gehörte Sprüche. Meist wissen die Beteiligten aber gar nicht, wie sie den Begriff „Qualität" beschreiben sollen bzw. was das für die Firma und die aktuelle Arbeit praktisch bedeutet.

Was für den Einzelnen Qualität bedeutet, muss jeder in seinem Leben selbst entscheiden. Die persönlichen Ansprüche verändern sich dabei fortwährend. Auch in einem Unternehmen kann sich dieser Anspruch selbstverständlich verändern. Entscheidend ist letztendlich, dass es ein *gemeinsames* Verständnis aller Mitarbeiter über die Bedeutung des Begriffs Qualität gibt und darüber, wie diese Qualität erreicht werden kann.

Warum sollen wir uns überhaupt mit Qualität auseinandersetzen? Ganz einfach: Qualität macht uns zufrieden. Menschen sind (nicht nur) immer dann unzufrieden, wenn etwas um sie herum keine Qualität aufweist. Sie fühlen sich durch „schlechte Qualität" verärgert. Ob es das Frühstücksbrötchen ist, das nach Papier schmeckt, die Zeitung, die beim Durchblättern abfärbt, oder die Software, die beim Einfügen einer Tabelle grundsätzlich abstürzt. All das deutet auf schlechte Qualität oder, anders formuliert, auf „Mängel" hin.

Die persönliche Toleranzschwelle ist natürlich sehr individuell. Was der eine akzeptabel findet, bringt den anderen bereits „auf die Palme". Um diesen Interpretationsspielraum möglichst klein zu halten, gibt es Regeln und Normen, die für uns sicherstellen, dass ein Gewicht von

100 g auf jeder „genormten" Waage auch tatsächlich „100 g" anzeigt. In Deutschland gibt es eine Norm, die besagt, dass aus jeder Steckdose Wechselstrom mit 230 V bei 50 Hz beziehbar ist. Sehr angenehm! Egal, wo ich hinfahre, ich kann immer mein Notebook an irgendeine Steckdose anschließen, und es funktioniert problemlos. In jedem Hotel ist es Standard, dass auf dem Zimmer ein Handtuch bereitliegt. Sehr angenehm! Ich muss nicht darüber nachdenken, ob ich ein Handtuch mitnehmen muss und wie ich es nass transportiere. Natürlich gibt es auch Ausnahmen: Es gibt Steckdosen, da funktioniert das Notebook aufgrund der starken Stromschwankungen nicht (z. B. in alten Zügen). Es gibt Hotels, da findet sich kein Stück Seife auf dem Zimmer. Solche Abweichungen von der Norm können sehr störend und unangenehm sein, wenn man unterwegs noch an einem Text arbeiten muss oder nachts um 23.00 Uhr sich nicht einmal die Hände waschen kann, ohne vom Nachtportier die „private" Seife leihen zu müssen. Wir verlassen uns einfach darauf, dass in unserem Umfeld bestimmte Standards eingehalten werden. Stellen Sie sich vor, wie kompliziert Ihr Leben wäre, wenn Sie sich nicht auf „den allgemein üblichen Standard" verlassen könnten. Das fängt bei dem Schokoriegel an, bei dem Sie sich jedes Mal auf einen beliebig neuen Geschmack einstellen müssten, obwohl Sie immer das gleiche Produkt kaufen. Er könnte mal hervorragend und mal abscheulich schmecken. Regeln und Normen richtig angewandt sind deshalb keine „lästige Pflicht" oder „Beamtentum". Wir können uns darauf verlassen, dass etwas in unserem Umfeld so ist, wie wir es erwarten. Wir müssen nicht immer unsere eigenen Regeln erfinden, um etwas der Norm entsprechend zu gestalten. Deshalb können uns Regeln und Normen helfen, unser Leben angenehm und stressfrei zu gestalten. Sie helfen uns, Qualität zu erzeugen.

## Qualität erleben

Da jeder Mensch ein subjektives Empfinden für Qualität hat, wird sie zu einer relativen Angelegenheit. Solange es kein Allgemeinverständnis darüber gibt, was unter qualitativ hochwertig oder minderwertig zu verstehen ist, wird es auch Reibung über dieses Thema geben. Und zwar nicht nur im beruflichen Umfeld, sondern in jeder sozialen Gruppierung. Das fängt dabei an, wenn Mutter und Kind darüber diskutieren, ob das Zimmer in dieser Weise als aufgeräumt gilt oder nicht. Auch innerhalb von Unternehmen kann es sehr unterschiedliche Ansichten darüber geben, wie die erzeugten Ergebnisse auszusehen haben.

Diese Reibung gibt es natürlich auch zwischen Unternehmen und Kunden, wenn letztere nicht wissen, welche Qualität ihr Projektergebnis haben wird. Manch einer ist dann eventuell unangenehm überrascht. Es kommt zu unerfreulichen Diskussionen über bereits abgeschlossene Leistungen. Spätestens ab diesem Zeitpunkt bedeutet jede geleistete Arbeitsstunde einen Verlust für das Unternehmen.

Die Erscheinung „Qualität" lässt sich am besten unter genauer Betrachtung des eigenen Umfelds verstehen. Jeder Mensch findet Indizien für Qualität folgender Art:

- „Spaß": Spaß am guten Essen, Spaß am tollen Urlaub, Spaß mit der Familie ...
- „Anerkennung": Meine Vorgesetzten oder Mitarbeiter schätzen meine Arbeit. Meine Kunden sind zufrieden. Mein Freundeskreis schätzt meine Anwesenheit ...
- „Zufriedenheit": Ich habe keinen Stress. Ich habe Freizeit. Ich bin glücklich ...

Auch wenn die persönlichen Vorstellungen von Qualität sehr unterschiedlich sein können, so haben wir doch kulturbedingt in vielen Bereichen des alltäglichen Lebens ein ähnliches Verständnis darüber. Wie eingangs erwähnt, würde wohl in Westeuropa niemand auf die Idee kommen, beim Hausbau quer durch einen Raum ein Wasserrohr laufen zu lassen. In anderen Kulturen gibt es eventuell ein anderes Grundverständnis darüber.

Dadurch, dass wir Qualität persönlich erleben können, wird sie für uns fassbar. Sie materialisiert sich in der Software, die mit wenigen Mausklicks installiert und wieder entfernt werden kann. Oder dem Meeting, das echte Ergebnisse hervorbringt. Oder einfach dem Glas Wein, das uns vorzüglich schmeckt. Hinter all dem steckt für uns in irgendeiner Form Qualität.

Obwohl wir sie ständig um uns haben, ist es nicht leicht, Qualität zu erkennen. Es ist wie mit dem Salz in der Suppe: Wenn es drin ist, merkt es keiner. Erst wenn es fehlt, fällt es auf. Deshalb ist es auch leichter, das Fehlen von Qualität zu erkennen. Typische Indizien für das Fehlen von Qualität sind:

- „Stress": Ich mache Überstunden. Mein Umfeld ist unorganisiert. Ich muss alles dreimal machen. Ich habe kein Zeit mehr für Familie und Hobby ...
- „Unzufriedenheit": Meine Projekte sind unrentabel. Meine Kunden sind unzufrieden. Meine Arbeit macht mir keinen Spaß ...

* „Unbrauchbarkeit": Das Messer schneidet nicht vernünftig. Mit dem Waschmittel gehen die Flecken nicht raus. Mit dem Programm lassen sich keine Adressetiketten drucken ...

In allen Seminaren, die ich über Qualität halte, werden diese und ähnliche Themen immer wieder von den Beteiligten genannt. Als aussagekräftigsten Begriff erachte ich die dabei oft genannte „Lebensqualität". Qualität ist kein Selbstzweck. Wir sind auf der Suche nach Qualität, um unseren Lebensstandard kontinuierlich zu verbessern – sowohl im Beruf, als auch im Privatleben.

Das lässt sich praktisch jederzeit beobachten: Erkennen Menschen Qualität, so veranlasst sie dies immer zu Äußerungen der Art *„Das* find ich gut!" oder „Hier hat sich mal einer was überlegt!". Wer solche Momente miterleben kann, wird in Begleitung dieses Ausrufs auch immer Freude und Erstaunen erleben. Qualität – was es für den Einzelnen auch immer bedeuten mag – ist offensichtlich ein tiefes menschliches Bedürfnis.

Ich bin der festen Überzeugung, dass alle Menschen gerne Qualität erzeugen möchten. Sie werden dabei lediglich oft nicht gelassen, und/oder es zeigt ihnen niemand, wie sich solche Ansprüche umsetzen lassen.

Kein Mensch kommt morgens zur Arbeit und sagt: „Heute mache ich mal einen richtig schlechten Job!" Auch nicht, wenn er bereits demotiviert oder in Resignation verfallen ist. Eine Einstellung der Art „Heute würge ich denen mal so richtig eines rein!" stellt ebenso einen „persönlichen Qualitätsanspruch" dar. Leider nicht zum Vorteil des Unternehmens.

Vor einigen Tagen, während ich dieses Buch schrieb, sprach ich mit einem Angestellten, der kurz zuvor gekündigt hatte. Die Unterhaltung bestand lediglich aus zwei Sätzen:

„Schade, dass Sie gehen." – „Tja, wenn man einen guten Job machen will und nicht darf ..."

*Ein* Satz, der so viel aussagt. Der Betreffende hätte doch auch „eine ruhige Kugel schieben" oder „Dienst nach Vorschrift" machen können. Nein, er ist gegangen, weil er das Beschneiden seines eigenen Qualitätsanspruchs auf Dauer nicht erträgt.

Natürlich hat nicht jeder Mensch eine vergleichbar hohe Motivation. Das ist auch nicht zu erwarten. Wird von Führungskräften aber Engagement und Initiative, egal wie stark diese sein mögen, ignoriert, führt das leider in der Praxis oft dazu, dass motivierte und engagierte Mitarbeiter das Unternehmen verlassen oder sich ihre Erfolgserlebnisse anderweitig suchen und „nur noch körperlich" anwesend sind. Die nicht oder wenig motivierten und engagierten Mitarbeiter dagegen bleiben ...

Mit unzufriedenen, nicht engagierten und demotivierten Mitarbeitern lassen sich aber keine Leistungen erbringen, die Kunden zufrieden stellen. Ebenso wenig lassen sich Mitarbeiter „per Order de Mufti" dazu bewegen, „endlich einmal etwas mehr Qualität zu produzieren". Bestehende Strukturen, Projekte, Arbeits- und Denkweisen lassen sich nicht von heute auf morgen per Befehl ändern – nicht wirklich. Qualität lässt sich nicht verordnen. Sie kann nur vom Einzelnen persönlich erlebt werden. Dies muss vom Unternehmen gewünscht und gefördert werden.

Im Grunde genommen ist die Triebfeder für nachhaltigen wirtschaftlichen Erfolg eines Unternehmens immer die Qualität, die in jedem einzelnen Arbeitsschritt steckt. Denn „keine Qualität" kostet auf Dauer mehr Geld, als mit solchen nicht qualitätsgesicherten Leistungen umgesetzt werden kann.

## Qualität simulieren

Sie haben sicherlich schon einmal Fernsehaufnahmen gesehen, bei welchen ein athletischer Sportler elegant am Barren herumschwingt. Anlauf, Sprung hinein, Aufschwingen, Rolle über die Schultern, Abschwingen mit einer 270°-Drehung. In meiner Schulzeit hatte ich einen Mitschüler, der diese Übung mit Leichtigkeit ausführen konnte. Diese Sportart machte mir Spaß, weshalb ich das Ganze ebenso elegant nachturnte. Fast jedenfalls. Um genau zu sein, vermutlich nicht annähernd so elegant. Manchmal schlug ich einfach nur auf dem Boden auf. Aber im Großen und Ganzen schaffte ich es. Drei- oder viermal. Dann war ich am Ende, während sich mein Mitschüler zwischenzeitlich an den Ringen vergnügte. Ich schaffte es, weil ich viel Kraft und Ehrgeiz hatte. Er hatte als Mitglied des örtlichen Sportvereins eine gute Ausbildung, viel Kraft und die Technik im Blut.

Mit genau meinem damaligen Verhalten simulieren Unternehmen Qualität. Sie verschwenden Unsummen an Geld und verschleißen ihre Mitarbeiter mit Überstunden und Wochenendarbeit, um das zu erreichen, was andere mit Technik und Ausbildung schneller und effizienter schaffen. „Einfache Anstrengung allein genügt nicht. Ab sofort strengen wir uns doppelt so viel an!" – anstatt die bessere Technik zu lernen und Strukturen zu verändern ...

Kleine Unternehmen können sich qualitativ minderwertige Strukturen nicht leisten. Egal, ob im inneren Management oder in der Leistungserbringung nach außen. Dies hat uns das Auf und Nieder der *New Economy* eindrucksvoll gezeigt. Viel Geld kann Ausbildung und Erfahrung nur kurzfristig ersetzen.

Große Unternehmen können dagegen einen solchen Zustand sehr lange aufrechterhalten. Hier fließen kontinuierlich solche Geldmengen, dass die Mehrkosten zur Simulation von Qualität gedeckt werden. Der Auftraggeber unterstellt: „Hier bekomme ich Qualität." Jeder ist gerne mit einem großen Partner „auf der sicheren Seite". „Dann darf's auch etwas mehr kosten. Qualität kostet schließlich Geld!" Das geht so lange gut, bis die wirtschaftliche Lage Auftraggeber dazu zwingt, nicht nur auf das „Wohlgefühl", sondern auf die tatsächlichen Kosten zu achten. Sie beginnen, sich nun auch nach anderen Anbietern umzusehen. In den wirtschaftsstarken Bereichen Telekommunikation, Transport, Verkehr, Gesundheits- und Finanzwesen hat dieser Trend bereits vor einigen Jahren eingesetzt. Eindrucksvollstes Beispiel ist die Ernährungsbranche: Angeheizt von BSE und Maul- und Klauenseuche setzt sich der Trend zu „Bio-Qualität" unaufhaltsam durch – langsam aber sicher. Hier wird echte, nachweisbare Qualität zur Überlebensfrage. So manches Großunternehmen hat diese Erfahrung schon vor Jahren machen müssen, gerade im Bereich Soft- und Hardware. Als träger Koloss „günstigere und qualitativ bessere" kleine Mitbewerber wieder einzuholen, kann dann zur echten Aufgabe werden.

Wenn Sie kein Multimilliardenunternehmen sind, sollten Sie es vermeiden, Qualität zu simulieren. Es wird Sie neben viel Zeit und Geld auch Ihre besten Mitarbeiter kosten. Wenn Sie ein Multimilliardenunternehmen sind, sehen Sie zu, dass Sie von den Kleinen der Branche nicht plötzlich gebissen werden.

## Was Qualität kostet

Wer eine Anleitung dafür schreiben muss, wie das Softwarepaket X korrekt installiert wird, empfindet dies eventuell als lästig, wenn das System bereits fehlerfrei in Betrieb ist: „Die mit ihrem Qualitätssystem! Das läuft doch alles. Eigentlich hätte ich was Sinnvolles zu tun." Wer ein Konfigurationsmanagement-System bedienen muss, um seine Software-Source-Dateien dort in geregelter Art und Weise abzulegen, wird diese eventuell als lästig empfinden, wenn er die Dateien auch auf seiner Festplatte organisieren kann: „Es arbeitet eh kein anderer an diesen Dateien." Wer seine Source Code Files dokumentieren muss, wird dies eventuell als lästig empfinden, denn: „Der Code ist schließlich selbsterklärend." Solche persönlichen Erlebnisse machen eines deutlich: Aktionen, „um Qualität zu produzieren", kosten offensichtlich Geld: Geld für das Erstellen von Dokumenten, Geld für das Benutzen von Konfigurationsmanagement-Systemen, Geld für das Dokumentieren von Source Code Files. Das ist auch offensichtlich, denn der Aufwand ist schließlich messbar.

Denken Sie einmal daran, wie Sie das letzte Mal eine Anleitung zu einem Programm gesucht haben, das jemand „mal schnell als Hilfsmittel heruntergehackt" hat und das mittlerweile in einem produktiv laufenden Projekt eingesetzt wird. Dieser Jemand weiß möglicherweise nicht mehr genau, wie er das damals gelöst hat. Eventuell ist er auch bereits nicht mehr im Unternehmen. Wo sind denn nur die Sourcen ...?

Ich erinnere mich oft an ein Gespräch mit einem „Chief Developer", in welchem ich ihm unseren Softwareentwicklungsprozess erklärte. Wir sprachen über alle Schritte, von der Angebotserstellung, über Design, Implementierung und Testmethoden bis hin zur Abnahmeprozedur durch den Auftraggeber. Unsere Unterhaltung dauerte ungefähr zwei Stunden. Als ich der Meinung war, dass alles gesagt sei, stellte er eine Frage: „and where is the quality assurance team?"

Entsteht durch das Anwenden eines standardisierten Prozesses automatisch Qualität? Ganz sicher nicht, auch wenn dies leider oft impliziert wird. Durch das falsche Anwenden eines Werkzeugs oder einer Methode kann niemals Qualität entstehen. Ein solches Vorgehen führt natürlich immer zu der Überzeugung, dass es Geld kostet und nichts bringt. Leider trifft dies auch zu, was die Betroffenen in ihrer Annahme bestärkt: „Die ganze Dokumentiererei nützt überhaupt nichts" oder „Jetzt verwenden wir ein Konfigurationsmanagement-System und trotzdem treten ständig Fehler auf". Korrekt. Wieder einmal: Qualität erzeugen kostet Geld. Beweis durch eigene Erfahrung. Das Weglassen der Dokumentation spart Zeit, die ohnehin dringend für Fehlerbereinigung benötigt würde. Wieder richtig. Wie wäre es denn, Fehler von Anfang an zu vermeiden? Wo ist überhaupt der Anfang eines Fehlers?

Nähern wir uns über die Kostenseite: Was kostet es, wenn in einer Marketing-Adressverwaltung das Feld „Erster Kontakt" vergessen wurde? „Das Feld mach ich Dir in zwei Minuten rein." O. K., kostet also fast nichts. Auch, wenn das System bereits in Betrieb ist? Drehen wir die Zeit an den Anfang des Projekts zurück:

■ Wird in der Analysephase entdeckt, dass das Feld „Erster Kontakt"
fehlt, so lässt sich dieser Fehler durch eine kleine Erweiterung des
Analysedokuments beheben. Feld einfügen, beschreiben, neue Version
erzeugen, unter Konfigurationsmanagement stellen. Kosten:
ca. 10 Euro.

■ Wird das Fehlen in der Designphase entdeckt, sieht es schon anders
aus: Ändern des bereits entworfenen Klassenmodells, Erweiterung
der Zugriffsfunktionen, Erweiterung der Persistenzschicht.
Der letzte Prozessschritt muss wieder aufgerollt werden, da der
Auftraggeber die Analyse bereits abgenommen hat (ohne den Fehler
zu entdecken). Genau genommen müssen die Anforderungen
nochmals erweitert und mit dem Auftraggeber abgestimmt werden
(wobei das Feld „Erster Kontakt" sicher ein sehr einfaches Beispiel
ist; ein besseres Beispiel wäre für diesen Schritt z. B. vergessene
Sortiermöglichkeiten, woraus sich etliche zusätzliche Fragen ergeben).
Zumindest muss das Design überarbeitet und eventuell nochmals
vom Auftraggeber freigegeben werden. Kosten: mindestens
100 Euro.

■ Wird das Fehlen in der Implementierungsphase entdeckt, so müssen
bereits fertig gestellte und getestete Module geändert und
nochmals getestet werden. Mindestens die Testspezifikation muss
erweitert werden. Eventuell muss die gesamte Designidee geändert
werden (besseres Beispiel ist wieder die vergessene Sortiermöglichkeit).
Vermutlich werden neue Fehler eingebaut. Die Dokumentation
läuft mit der Realität auseinander. Kosten: mindestens
1000 Euro.

■ Wird dann den eigentlichen Anwendern das fertige System präsentiert,
gibt es eventuell unangenehme Überraschungen: „Und wo
kann ich den Erstkontakt eintragen?" Komplettes Aufrollen des Entwicklungsprozesses.
Weiterhin müssen bereits importierte Daten
nochmals importiert werden. Die Daten wurden aber bereits in die
neue Struktur konvertiert und manuell bereinigt (50 000 Datensätze,
zehn Personentage Aufwand). Parallel zur Fehlerbehebung
muss das gelieferte System eingesetzt werden (die wichtigste Messe
des Jahres für den Auftraggeber steht vor der Tür). Zwischenzeitlich
pflegt die Marketingabteilung Excel-Listen mit den Erstkontaktdaten.
Wie werden die Daten später migriert? Durch welche
Prozeduren, zu welchem Zeitpunkt? Das Unternehmen arbeitet mit
diesem System in unterschiedlichen Zeitzonen. Das Abschalten für
zwei Tage ist nicht möglich. Kosten: mindestens 10 000 Euro.

Es ist eine altbekannte Regel, dass sich die Kosten für die Behebung eines Fehlers in jeder Stufe eines Projekts etwa verzehnfachen. Faktisch bedeutet dies, dass ein Fehler, der sich in der Analysephase mit Kosten vom Faktor 1 beheben lässt, im Betrieb das Tausendfache an Kosten verursacht. Unglaublich, aber jederzeit empirisch nachweisbar.

Wie viel kostet also Qualität?

- Wenn Sie unter Arbeit verstehen, es irgendwie zu machen, dann kostet „zusätzliche" Qualität auch zusätzliches Geld.

- Wenn Sie darunter verstehen, es gleich richtig zu machen, kostet Qualität so viel wie ein Lächeln. Keinen Cent, eventuell etwas Überwindung und das Selbstverständnis, für ein faires und professionelles Miteinander.

# Qualität erzeugen

Die Basis für Qualität wird von drei Eckpfeilern gebildet: strukturiertes Vorgehen, Einsatz passender Hilfsmittel und Werkzeuge und Ausbildung.

## Strukturiertes Vorgehen

Eine strukturierte Vorgehensweise legt fest, welche Dinge in welcher Reihenfolge abgearbeitet werden müssen, um ein bestimmtes Ergebnis zu erzielen. Zuvor müssen alle notwendigen Arbeitsschritte festgelegt werden. Steuerkriterien bestimmen dabei, wann welcher Schritt durchzuführen ist. Das hört sich umständlich an, ist aber bei richtiger Umsetzung leicht anwendbar und direkt zielführend.

Strukturierte Vorgehensweisen helfen uns Kosten zu sparen: Das Rad muss nicht immer neu erfunden werden. Es ist sinnvoller, vorgegebene Strukturen zu verwenden und seine Energie für inhaltliche Arbeit einzusetzen. Auch die Angst, etwas zu vergessen oder Wesentliches zu übersehen, sinkt rapide. Beim „Entlanghangeln" am Prozess werden alle notwendigen Punkte automatisch erfasst und abgearbeitet. Daraus folgt selbstverständlich auch, dass Vorgehensweisen, die keinen Nutzen erzielen (ergo: nur Kosten verursachen), abgeschafft werden müssen. Wenn in einem Prozess an drei verschiedenen Stellen immer wieder die gleiche Information erfasst werden muss (z.B. in Form ähnlicher Formulare, die an unterschiedliche Abteilungen gehen), so ist dies nicht nur fehleranfällig (redundante Daten), sondern noch dazu lästig. Ein solcher Prozess muss vereinfacht werden.

Beispiel: Ein Kunde ruft wegen eines Softwareproblems bei Ihnen an. Nehmen wir an, es handelt sich um einen Fehler, der im Rahmen der Garantieleistung auf Ihre Kosten behoben werden muss. Ist es Ihnen nicht möglich, aus dem Stehgreif zu rekapitulieren, welche Version mit welchen Updates dem Kunden zuletzt geliefert wurde (z.B. über einen Historiennachweis der Lieferungen), so kann ein einfaches Problem leicht Unsummen an Kosten verursachen, die von Ihnen selbst getragen werden müssen.

In der Praxis betreffen Fehlerbereinigungen oft nur das Initialisieren einer Variablen oder das Abändern von Bedingungen. Der Großteil der dabei entstehenden Kosten wird aber fast immer durch das „Wiedereindenken", Zusammensuchen von Source Codes und Einrichten von Testinstallationen verursacht. Solchen unnötigen Kosten kann durch die strukturierte Abwicklung eines Projekts vorgebeugt werden. Eines ist sicher: Projekte, die unstrukturiert abgewickelt werden, kosten zusätzlich Geld. Wenn nicht bereits bei der Abwicklung, so doch sicher zu einem späteren Zeitpunkt, bei der Behebung von Fehlern oder bei Erweiterungsarbeiten; Details hierzu finden Sie im Kapitel „Ein mögliches Projektablaufmodell".

## Hilfsmittel und Werkzeuge

Zur Unterstützung solcher Vorgehensweisen werden die passenden Hilfsmittel und Werkzeuge benötigt. Sie werden vermutlich umfangreiche Dokumentationen nicht per Hand zu Papier bringen. Dafür lässt sich auch ein Texteditor verwenden. „ ‚vi', mit dem lässt sich alles machen. Der ist super!" Solche Aussagen sind bei Entwicklern immer wieder zu hören. Aber in einem Umfeld, das PCs mit Windows- und Office-Produkten verwendet? Ist ‚vi' hier das richtige Werkzeug? Ich erinnere mich oft an einen Besuch mit einem Entwickler bei einem Kunden. Wir wollten vor Ort, auf einem standardmäßig eingerichteten Windows-PC, einen Fehler begutachten. Der Entwickler, mit etwa sieben Jahren Erfahrung in Softwareentwicklung, stand wie ein Anfänger vor dem PC. Er konnte den Windows Explorer nicht bedienen, da er sonst immer mit „seinem" Explorer Tool gearbeitet hatte. Das war nicht nur peinlich vor dem Kunden („Arbeiten Sie sonst nicht mit Windows?"), sondern hat auch unnötig Zeit gekostet.

Die passenden Hilfsmittel und Werkzeuge zu finden und festzulegen, ist ebenso wichtig wie die Definition von strukturierten Vorgehensweisen: „Nehmen wir Microsoft Office oder Star Office? PVCS, CVS oder Source Save? Rational Rose oder Together? Borland oder Microsoft Tools?" etc. Es geht dabei auch nicht um die Größe oder Bekanntheit eines Werkzeugs. Eine Word-Dokumentvorlage in Form eines Brief- oder Protokollformulars kann eventuell mehr Nutzen erzeugen als ein 10 000 Euro teures Softwarepaket.

## Ausbildung

Das Thema Ausbildung ist neben strukturierten Vorgehensweisen und Tools die dritte Voraussetzung für Qualität. Sie können noch so viel Geld in Tools investieren und noch so viel Zeit mit Prozessdefinitionen verbringen: Wenn niemandem klar ist, wie beides eingesetzt wird, entsteht dadurch nur Mehraufwand. Ganz typisch sind dann so Aussagen wie: „Jetzt haben wir uns ein Jahr lang mit Prozessen beschäftigt, aber es hat sich überhaupt nichts verbessert" oder „Diese ganzen Schulungen bringen gar nichts". Klar, wenn sich das Wissen auch nicht einsetzen lässt, weil die Unternehmensführung trotzdem an ihren bisherigen Vorgehensweisen festhält.

Natürlich genügt es nicht, bestimmte Tools festzulegen und diese als Standard zu deklarieren. Nur weil Sie Rational Rose kaufen, können Ihre Entwickler nicht automatisch modellieren. So banal es klingen mag; es ist leider ein weit verbreiteter Irrglaube, dass mit der Anschaffung eines Tools dieses auch zugleich produktiv genutzt werden kann. Ich kenne ein Unternehmen, das mehrere hunderttausend Euro in Lizenzen für Modellierungstools investiert hat. Das beliebteste Werkzeug bei den dortigen Entwicklern ist nach wie vor UltraEdit, auch wenn das Management bei Angebotspräsentationen immer wieder diese gewaltige Ausstattung und deren „nachhaltige Verwendung" proklamiert. Die Modellierungstools werden dort als Zeichenwerkzeuge und zum „ab und zu Ausprobieren" verwendet, da die Anschaffung nicht von den notwendigen Ausbildungsmaßnahmen begleitet wurde. Dass dadurch weder die Qualität noch die Produktivität steigt, versteht sich von selbst.

„A fool with a tool is still a fool." Ich glaube, in keinem Bereich der modernen Wirtschaft hat dieser Spruch so viel Bedeutung wie in der Softwareentwicklung. Nehmen Sie zehn unterschiedliche Hämmer. Mit jedem werden Sie vermutlich einen Nagel in die Wand schlagen können (außer Sie erwischen den Verlegehammer für Pflastersteine). Nehmen Sie zehn unterschiedliche ER-Modellierungswerkzeuge; vermutlich werden Sie damit beim Reverse Engineering ein und derselben Datenbank unterschiedliche Ergebnisse erhalten. Die Tools im Softwareentwicklungsbereich sind so unterschiedlich ausgestattet und verfolgen meist so unterschiedliche Strategien, dass damit immer ein individueller Lernaufwand verbunden ist.

Weiterhin hat die unsachgemäße Anwendung einer Methode oder eines Werkzeugs immer dysfunktionale Auswirkungen. Die beiden bedeutendsten sind vermutlich folgende:

- Die Mitarbeiter werden als unfähig und unwillig betrachtet. Nach dem Motto „Es funktioniert nicht, weil Ihr nicht mitmachen wollt" oder, weniger nett formuliert, „Ihr seid dumm und faul!".

**15**

▨ Das vermeintliche Produzieren von Qualität unter der Anwendung von Prozessen und Hilfsmitteln, erscheint kostenintensiver. „Jetzt machen wir es so und haben nur Aufwand und Ärger damit, ohne dass sich etwas verbessert."

Das Verständnis über solche Dysfunktionen ist mir ungemein wichtig. Hierzu gibt es beliebig viele Beispiele: Anwendung von Modellierungstools, ohne das Tool zu kennen, Einsatz von UML, ohne die Sprache (... *Modelling Language*) wirklich „zu sprechen", Festlegen von Prozessdefinitionen, „in Zukunft machen wir es so und so", ohne jemals darüber einen Konsens herzustellen, Anwendung von Change-Request-Formularen ohne Verständnis von Change-Request-Verfahren etc.

Die unsachgemäße Anwendung von Werkzeugen führt immer zur Frustration der Anwender. Sie beklagen sich darüber, dass das Werkzeug oder die Methode schlecht sei („Den Codegenerator kann man voll vergessen"), und fallen in alte Strukturen zurück („Das mach ich lieber von Hand"). So entstehen doppelt Kosten: einerseits für die Toolanschaffung und/oder Prozessdefinition und andererseits für die entstehende Mehrarbeit aufgrund fehlender Ausbildung. Es gilt leider nicht nur: „*A fool with a tool is still a fool.*" Eigentlich müsste es lauten: „*A fool can produce more harm with a tool.*" Qualität entsteht nicht durch Verordnungen oder den Einsatz von Werkzeugen.

## Wie Qualität entsteht

Gut definierte Prozesse, sinnvolle Tools und optimale Ausbildung sind die Basis für Qualität. Weit wichtiger ist aber das Grundverständnis aller Beteiligten darüber, dass in diesem Zusammenhang vorgegebene „Formalismen" praktische Hilfestellung geben können und keinen Zwang darstellen.

Beispiel: Wenn das Projektabwicklungshandbuch vorgibt, dass die Kalkulation für ein Projekt immer auf Seite drei im begleitenden Projektordner abgeheftet werden muss, so erscheint das als lästige Formalie. Wer aber in alten Projekten sucht, andere Projektleiter vertreten oder deren Projekte übernehmen muss, wird diese Formalie zu schätzen wissen.

Beispiel: In jedem Umfeld finden sich Dokumente, die äußerlich gleich erscheinen, deren Inhalte aber voneinander abweichen. In einem Meeting zu sitzen und darüber diskutieren zu müssen, welches der Dokumente das aktuellere ist, ist nicht nur unprofessionell, sondern kann auch Kundenbeziehungen nachhaltig stören („... Sie wissen ja selbst nicht einmal, was bei Ihnen der aktuelle Stand ist ..."). Der ganz einfache Formalismus, jedem Dokument eine Versionsnummer zu spendieren und diese korrekt zu pflegen, ist im Projektalltag buchstäblich Geld wert.

Beispiel: Header-Information in Source Code Files, aus welchen zumindest hervorgeht, wer die Datei erstellt hat, welchem Zweck diese dient und wann sie das letzte Mal geändert wurde, ist von unschätzbarem Vorteil, wenn Fehler auftauchen und Änderungen oder Erweiterungen vorgenommen werden sollen. Ganz zu schweigen davon, wie es ist, von anderen Source Code Files übernehmen zu müssen, die in der erste Zeile mit *„#include"* beginnen.

Erzeugt das Arbeiten nach formalen Prozessen Nutzen für die Beteiligten, so werden diese Vorgehensweisen zu Selbstläufern. Meiner Erfahrung nach streben Menschen immer nach den Dingen, die ihnen Spaß machen und bequem sind. In einem Umfeld zu arbeiten, das von Qualität geprägt ist, macht letztendlich Spaß und ist bequem. Dies ist selbstverständlich eine Kulturfrage des gesamten Unternehmens; sollte es Gruppen geben, die Formalien erledigen, aber niemals durch die Erledigung von Formalien anderer profitieren, so wird dieses System nicht funktionieren. Qualität hat etwas damit zu tun, dass sich alle an die Spielregeln halten, damit auch alle davon profitieren können.

Qualität ist eine Frage der Kultur. Die wichtigsten Bausteine zur Errichtung einer solchen Kultur finden sich verteilt über diverse Kapitel dieses Buchs. Dieses Thema auch nur annähernd vollständig darstellen zu wollen, würde den Rahmen dieses Buchs bei weitem sprengen. Die wichtigsten Bausteine aber, die sich im Rahmen von IT-Projekten praktisch bewährt haben, finden Sie konzentriert im Kapitel „Handwerkszeug in IT-Entwicklungsprojekten".

## Qualität braucht Pflege

Da Qualität eine kulturelle Begleiterscheinung ist, kann sie nur in einer Umgebung gedeihen, in der sie auch gehegt und gepflegt wird. Sie muss explizit gewünscht werden. In einem Umfeld, das Qualität als nebenläufig betrachtet, wird diese niemals entstehen. Sie wird das Steckenpferd Einzelner bleiben und ein Schattendasein fristen. Diese Tatsache wird leider immer wieder unterschätzt. „Wir brauchen kein Qualitätsmanagement. Die einzelnen Bereiche sind selbst dafür verantwortlich, dass sie Qualität produzieren!" ... Und wie? Durch wen gefördert? Nach welchen Standards?

Kein Mensch würde auf die Idee kommen zu sagen, das Unternehmen muss sich selbst organisieren, wir brauchen eigentlich gar keine Geschäftsführer. Von unternehmensweiter Qualität wird aber oft erwartet, dass sie sich ohne zentrale Führung selbstständig organisiert. So wird nur erreicht, dass jeder Bereich sein eigenes Verständnis von Qualität realisiert. Probleme treten aber oft nicht innerhalb einzelner Bereiche auf, denn dort herrscht meist ein lokales, einheitliches Qualitätsverständnis (wobei dieses auch darin bestehen kann, dass minderwertige Ergebnisse ebenfalls O. K. sind). Probleme treten *zwischen* den Bereichen auf, wo unterschiedliche Qualitätsansprüche aufeinandertreffen. Sieht es der eine als Standard an, dass zu jedem Stück Software auch eine Systemdokumentation geliefert werden muss, und versteht der Vertreter des anderen Bereichs diesen Anspruch nicht, so kommt es unweigerlich zu Konflikten.

Dies lässt sich nur durch eine zentral gemanagte und kontinuierlich gepflegte Qualitätskultur regeln. Alles andere ist die Behandlung von Symptomen.

## Trügerische Qualität

Unsachgemäß angewandte Qualitätssicherungsmaßnamen richten oft mehr Schaden als Nutzen an. Sie kosten Geld und wiegen die Beteiligten in trügerischer Sicherheit. Fehler bleiben unentdeckt, während zwischenzeitlich die Kosten um Faktoren wachsen.

Es gibt Dinge, da genügt es einfach nicht, es fast richtig zu machen. „Fast gesichert" beim Bergsteigen ist im Bedarfsfall lebensgefährlich. „Fast gewonnen" ist eine höfliche Umschreibung für verloren. „Fast Qualität gesichert" kann leicht in Katastrophen enden. Die Sonde *„Mars Climate Orbiter"* stürzte am 23. September 1999 auf den Mars. Ein Teil des *Mission Team* rechnete mit englischen Maßen (Inch, Meilen), während ein anderes dagegen mit metrischen Einheiten (Metern, Kilometern) arbeitete. Bei der Übertragung von Daten zwischen dem *„Missions Navigation Team"* in Kalifornien und dem *„Mars Climate Orbiter"*-Raumfahrzeugteam in Colorado wurde vergessen, die Daten entsprechend umzurechnen. Die Sonde flog in einer Höhe von nur 60 km über der Oberfläche anstatt wie geplant in 200 km Höhe. Aufgrund der erhöhten Anziehung stürzte die Sonde schließlich ab (Quelle: *Jet Propulsion*

*Laboratory, National Aeronautics Space Administration, California Institute of Technology).* Das Raumfahrtteam hatte nach höchsten Qualitätsstandards gearbeitet – fast. Ergebnis: mehrere Millionen Dollar Schaden.

Möchten Sie in einem Flugzeug sitzen, in dem *fast* alles geprüft wurde? In der Softwareentwicklung machen wir es ständig so und wundern uns, wenn die Systeme abstürzen.

## Qualität verkaufen

Was nützen alle guten Vorsätze, wenn der Auftraggeber Qualität mit Mehrkosten assoziiert und deshalb die „Zeitschraube enger dreht", um alle *vermeintlich* unnötigen Kosten für ordentliche Planung und Vertragsgestaltung, saubere Zieldefinition, Reviews (Freigaben) etc. zu streichen?

Es gibt ein ganz klares Statement, warum wir letztendlich Qualität erzeugen müssen: *Das Fehlen von Qualität kostet viel Geld.* Und zwar immer in Form von direkten und versteckten Kosten auf beiden Seiten.

*Direkte Kosten* entstehen z. B. durch Diskussionen um (vermeintliche?) Mängel – eventuell sogar noch nach Projektabschluss. Solcher Aufwand ist leicht zu erkennen und wird, wenn er vom Projektbudget abgeht, zur Unrentabilität des Projekts sowohl beim Kunden als auch bei Ihnen führen.

*Versteckte Kosten* lassen sich – wie der Begriff bereits vermuten lässt – leider nur sehr schwer erkennen. Diese können mitunter dadurch verursacht werden, dass es zu einem Entwicklungsprojekt keine Dokumentation gibt und deshalb ein Fehler, der erst nach einem halben Jahr auftritt, von keinem mehr so richtig nachvollzogen werden kann. Auch durch so etwas scheinbar Banales wie die Vergabe von unsinnigen Dateinamen entstehen versteckte Kosten. Kein Mensch wird die Zeit, die er mit der Suche nach einer bestimmten Datei verbringt, auf das Projekt buchen, in dessen Rahmen diese Datei erstellt wurde. Deshalb werden versteckte Kosten auch (fast nie) dem Verursacher zugeordnet. Analysen zu versteckten Kosten zeigen immer wieder, dass diese einen Großteil der Gesamtkosten eines Unternehmens ausmachen können. Sie sind damit maßgeblich am Erfolg oder Misserfolg eines Unternehmens beteiligt.

Die Aufgabe eines Projektleiters besteht darin, dem Kunden glaubhaft zu machen, dass in seinem Projekt Qualität erzeugt wird, um

# Was ist ein Projekt?

Die Frage zu stellen, ob eine als „Projekt" bezeichnete Aufgabe tatsächlich ein Projekt ist, ist durchaus berechtigt, wie der äußerst unterschiedliche Umgang mit diesem Begriff in vielen Unternehmen zeigt. Glücklicherweise findet sich ein in zahlreichen Publikationen immer wieder gleich lautendes Verständnis des Begriffs „Projekt". Ein Projekt ist ein Vorhaben, das folgenden vier Kriterien genügt:

- **Eindeutiges Ziel:** Jedes Projekt hat ein eindeutiges Ziel (ein Ziel kann dabei natürlich aus mehreren Komponenten bestehen: z. B. die Erfüllung aller Anforderungen bei Einhaltung des vorgegebenen Budgets). Dass Ziele sich im Laufe der Zeit verändern können, liegt in der Natur der Sache. Entscheidend ist jedoch, dass bei einem solchen Vorhaben von Anfang an ein Ziel festgelegt und kommuniziert wird, so dass alle Projektbestrebungen auf die Erreichung eines derzeit aktuellen Ziels ausgerichtet werden können.

- **Begrenzt:** Ein Projekt ist immer durch Zeit, finanzielle und personelle Ressourcen begrenzt. Inhaltlich ist es durch die Anforderungen begrenzt, welchen das Endergebnis genügen soll. Gibt es keine inhaltliche Begrenzung, so lässt sich auch kein echtes Ziel festlegen und damit auch kein Endergebnis erreichen. Ein Projekt, das keine genauen Rahmenbedingungen (und damit Begrenzungen) vorgibt, wird schnell zur *„never ending story"*.

- **Individuell:** Projekte sind nie Routinetätigkeiten. Etwas, was in gleicher Art und Weise schon einmal durchgeführt wurde, ist kein Projekt mehr. Für solche Fälle lassen sich Ablaufmodelle entwickeln, die ohne Projektmanagement-Methoden zum erwarteten Ziel führen. Das Wechseln von Autoreifen ist eine solche Tätigkeit. Sicherlich können auch hier Dinge passieren, die den reibungslosen Ablauf stören und den Eingriff eines Dritten erforderlich machen. Niemand würde aber auf die Idee kommen, das Wechseln von Autoreifen als Projekt zu deklarieren, wenn dabei ausnahmsweise eine Schraube abbricht und die Beteiligten anschließend auf eine Entscheidung des Kfz-Meisters warten. Dass etwas anders als erwartet läuft, ist keine ausschließliche Erscheinung eines Projekts. Dass eine als Projekt deklarierte Tätigkeit individuell ist, ist hingegen eine notwendige Voraussetzung.

- **Hohe Komplexität:** Projekte sind immer durch eine hohe Komplexität gekennzeichnet. Dies ist sicher der strittigste Aspekt, da diese

**21**

Art der Komplexität nicht immer absolut gemessen werden kann. Die zu bewertenden Kriterien sind hauptsächlich der Gesamtaufwand, das notwendige Know-how und die Risiken, die das Projekt mit sich bringt. Diese Kriterien möglichst genau bewerten zu können, setzt entsprechend viel Erfahrung voraus.

## Ich brauche nur noch schnell ...

Nicht alles ist ein Projekt, nur weil es unter Anwendung entsprechender Methoden so bezeichnet wird.

In der Praxis lassen sich Verantwortliche oft von dem strahlenden Begriff „Projekt" dazu verleiten, einfache Tätigkeiten als Projekte zu deklarieren. Werden diese dann konsequent nach dem firmeneigenen Projektmanagement-Handbuch abgewickelt, entsteht i. d. R. erheblich mehr Aufwand, als für die Lösung eigentlich notwendig gewesen wäre. Üblicherweise wird in einem solchen Umfeld darüber geklagt, dass „diese ganzen Formulare und Vorschriften gar nicht funktionieren". Dies ist auch völlig klar, denn Autoreifen werden sicher nicht schneller gewechselt, wenn dazu ein Projektmanager hinzugezogen und ein Kick-off-Meeting veranschlagt wird.

Genauso kann es verheerend sein, eine Aufgabe von der Komplexität eines Projekts nicht mit Projektmanagement-Methoden durchzuführen. Das sind die typischen „kleinen Erweiterungen" oder „kleinen Projekte", die zur unendlichen Geschichte werden und Auftraggeber wie Team gleichermaßen frustrieren. Wer kennt sie nicht, Aussagen wie: „Wir bräuchten schnell mal einen Testgenerator. Das ist doch nur ein kleines Projekt, da brauchen wir den ganzen Projektmanagement-Firlefanz nicht." Wer sich auf solche Vorgehensweisen einlässt, muss schon sehr viel Geschick besitzen, um ohne großen Schaden zu einem Ziel zu gelangen. Gleiches gilt für „Zurufaktionen". „Ich brauch nur noch schnell die Änderung so und so." ... „Wieso brauchen Sie dafür eine genaue Beschreibung? Dann kann ich's auch gleich selbst erledigen! Das muss doch auch auf dem kleinen Dienstweg gehen." Aufgaben, die keine Routinetätigkeit sind und von der Komplexität her Projektmanagement-Methoden erfordern, können nicht „mal schnell nebenbei" abgewickelt werden.

Wenn Ihnen ein Projekt anvertraut wird, müssen letztendlich Sie selbst entscheiden, wie viel Projektmanagement-Aufwand, Methoden und Tools dabei einzusetzen sind. Eines ist sicher: Treffen die zuvor genannten Kriterien zu, ist dies ein eindeutiges Indiz für die Notwendigkeit einer gut strukturierten Vorgehensweise.

# Happy End?

Immer wieder auftretende Probleme bei der Projektabwicklung lassen sich durch die Beantwortung folgender Fragen leichter verstehen:

- Was will der Auftraggeber eigentlich?
- Was will der Auftragnehmer dabei?

Der Auftraggeber vergibt ein Projekt an Dritte, weil er es selbst nicht durchführen kann oder will. Typischerweise aus Know-how- oder Zeitmangel oder aus politischen Gründen. Wenn er es selbst nicht durchführen will und von Softwareentwicklung das gleiche Verständnis hat wie der Auftragnehmer, so gibt es i. d. R. keine Projektabwicklungsprobleme (was nicht bedeutet, dass inhaltliche Meinungsverschiedenheiten oder anderweitige Probleme auftreten können). Abwicklungsprobleme entstehen, wenn Auftraggeber und Auftragnehmer ein unterschiedliches Verständnis von Softwareentwicklung haben.

Aus Auftragnehmersicht wird gerne übersehen, dass der Auftraggeber auch kein Verständnis für Softwareentwicklung haben muss. Er kommt zu Ihnen, weil er es selbst nicht kann. Es ist sein gutes Recht, nichts über die Lösungsmethodik für sein Problem wissen zu müssen. Der Auftraggeber interessiert sich nicht dafür, wie sein Internet Bonus Card System entwickelt wird. Er will letztendlich nur das laufende System sehen. Wenn er aber kein Vertrauen zu Ihnen hat und unter Softwareentwicklung „Programmieren" versteht (er kennt sich aus, denn sein 16-jähriger Sohn erledigt für seinen Fußballverein die Adressverwaltung per Computer), dann kann er auch nicht verstehen, warum zum Programmieren das Zeichnen von Diagrammen und das Schreiben von Dokumenten notwendig ist; „Wofür müssen Sie hier etwas ‚spezifizieren'? Ich habe Ihnen doch bereits alles erzählt." „Drei Tage für eine Benutzeranleitung!? Machen Sie es einfach selbsterklärend. Dann brauchen wir auch keine Anleitung."

Der Auftragnehmer ist dagegen überzeugt, dass Softwareentwicklung nur funktioniert, wenn er seinen Softwareentwicklungsprozess auf das Projekt anwenden kann. Hierbei muss ich gestehen, dass die meisten Unternehmen, die ich kenne, überhaupt keinen geregelten Softwareentwicklungsprozess einsetzen – auch wenn es dort irgendwo einen abgeheftet gibt und das Management vehement dessen Verwendung proklamiert.

In diesem Spannungsfeld steckt eine der wichtigsten Projektmanagement-Aufgaben: Finden Sie mit Ihrem Auftraggeber einen Modus, der sowohl seinen als auch Ihren Vorstellungen entspricht und *gleich-*

*zeitig* die Regeln strukturierter Softwareentwicklung berücksichtigt. Dazu gehört neben der ganzen Spezifikations- und Designarbeit auch die Mitwirkung des Auftraggebers. „Wofür brauchen Sie fünf Tage, um die Anforderungen zu verfeinern – Sie haben doch mein Briefing bekommen?" Wenn Sie solche Konflikte nicht zu Projektbeginn lösen, ist Ihr Projekt bereits vor dem eigentlichen Start in Schieflage. Ein solch ungleiches Verständnis über die Durchführung wird beim ersten inhaltlichen Konflikt (falsch verstandene Anforderungen, Zeitverzug, überhöhte Kosten o. Ä.) eskalieren und einen dunklen Schatten auf den Rest des Projekts werfen. „Wenn Sie nicht so viel Zeit mit dem Schreiben von Dokumenten verbracht hätten, wären wir schon viel weiter." „Wenn wir richtig spezifizieren hätten dürfen, würden wir jetzt nicht in Detailproblemen feststecken." Das „Hauen und Stechen" beginnt. Eine Deeskalation ist meiner Erfahrung nach in einem laufenden Projekt fast unmöglich, da Druck und Ängste beständig zunehmen.

Ideal ist es, wenn der Auftraggeber Ihre Dienstleistung als *„Black Box"* betrachtet und Ihnen vertraut, dass Sie die Aufgabe zu seiner Zufriedenheit lösen können – egal wie. Wenn das nicht der Fall ist, wirken Sie darauf hin, dass er eine solche Einstellung zu Ihnen gewinnen kann. Das ist eine echte Projektmanagement-Aufgabe.

Vorsicht ist geboten, wenn es Ihnen nicht gelingt, mit Ihrem Auftraggeber einen gemeinsamen Nenner zu finden, oder wenn Sie aus anderen Gründen überzeugt sind, dass das Projekt nichts werden kann. Wird ein Projekt unter solchen Voraussetzungen begonnen, so werden mit Sicherheit beide Parteien viel Geld zum Fenster hinauswerfen. Wenn Sie selbstständig sind, sollten Sie sich vom „schnellen Geld" nicht blenden lassen. Ein „Das-kriegen-wir-schon-irgendwiehin" wird schnell zum ernsthaften Problem. Ihnen steht später aller Erfahrung nach keine Zeit mehr zur Verfügung, eine Lösung für das „Irgendwie" zu finden.

## Was ein Projekt tatsächlich ist

Aus all dem Vorgenannten ergibt sich eine andere Antwort auf die Frage, was „ein Projekt" ist: *Ein Projekt ist ein **kontinuierlicher Dialog** zwischen Auftragnehmer und Auftraggeber, der zur Erreichung des gewünschten Ergebnisses führt.* Nur wenn ein solcher Dialog zustande kommt, kann ein Projekt auch wirklich erfolgreich durchgeführt werden.

# Handwerkszeug in IT-Entwicklungsprojekten

## Knapp an der Pilzvergiftung vorbei ...

... oder warum dieses Buch keine Checklisten enthält. Waren Sie schon einmal Pilze suchen? Ich versuche immer wieder es unseren Nachbarn gleich zu tun, die zu entsprechenden Zeiten regelmäßig mit den schönsten Steinpilzen und anderen schmackhaften Arten nach Hause kommen. Bewaffnet mit Korb, Messer und einem Pilzbuch mache ich mich auf in den Wald. Bald sind auch schon die ersten Pilze gefunden! Also letztes Jahr hatte ich das Problem, dass mein Pilzbuch *6000 Arten schnell erkannt* leider keinen der von mir gefundenen Pilze beinhaltete. Dieses Jahr habe ich rechtzeitig upgegraded und mir *Alle Pilze Europas leicht identifiziert* besorgt. Gut, in meinem Korb ist deshalb nur noch wenig Platz, und der 2,5-kg-Schmöker ist auch nicht wirklich ein Leichtgewicht, dafür kann mir nun nichts mehr passieren. Also, der Pilz vor mir sieht ziemlich gut aus und hat eine leicht braune Kappe. Nachschlagen unter Stichwörtern „Röhren, leicht ablösbar, braune Kappe". Gefunden: „Hut 3–15 cm, jung oft dunkelbraun bis schwarz und halbkugelförmig, später kastanienbraun, dunkelbraun, gewölbt, dann abgeflacht, schließlich ausgebreitet, trocken filzig-samtig, feucht etwas schmierig." Das ist die Originalbeschreibung des Hutes vom Maronenröhrling – und es folgen noch der Stiel, die Röhren und das Fruchtfleisch. Also, entweder habe ich schon wieder einmal eine neue Art entdeckt, oder die Beschreibung nebst Abbildung ist einfach zu allgemein. Oder ich habe einfach zu wenig Erfahrung, die Beschreibung zu interpretieren. Ich denke mal, das mit der neuen Art können wir vergessen. „Zu allgemein" und „wenig Erfahrung" sind sicher beide zutreffend. Interessanterweise kann man mit wenig Erfahrung aus allgemeinen Erklärungen nur wenig Nutzen ziehen, während viel Erfahrung aus allgemeinen oder exemplarischen Ratschlägen durch Transferwissen und Extrapolation ein wesentlich größeres Ganzes entstehen lassen kann. Genau deshalb bin ich kein Freund von Checklisten oder *how-to-do*-Anleitungen, denn sie gaukeln dem Anfänger vor, er könne auch ohne Erfahrung, nur durch Befolgen der Anweisungen, komplexe Aufgaben bewältigen. Viel schlimmer ist es, wenn man die bereits allgemeine Darstellung nicht ganz versteht und sie deshalb nochmals verallgemeinert! „Der Pilz sieht zwar nicht

**25**

wie ein Steinpilz aus. Der Stängel ist weiß statt braun, aber er steht an einem typischen Platz X. Die lustigen roten Punkte auf der Kappe sind vermutlich nur so eine Art Sommersprossen. Guten Appetit! – Projekt Pilzsuche abrupt beendet!

Haben Sie schon einmal davon gehört, dass man ein Instrument durch Checklisten spielen lernen kann? Wenn ja, dann interessiert mich das sehr – mailen Sie mir! Meiner bisherigen Erfahrung nach lernt man das Spielen von Instrumenten durch das Verstehen von theoretischen Grundlagen der Harmonielehre, das Üben von Tonleitern, Harmonien, Fingerfertigkeit, durch Zuhören, Ausprobieren etc. – aber nicht durch Checklisten.

Bitte verstehen Sie mich richtig: Ich bin sehr beruhigt, dass die Piloten im Cockpit vor jedem Start eine Reihe von Standardprozeduren auf der Basis von Checklisten durchführen – aber das sind eben Profis, und die Checklisten vereinfachen ihre Arbeit erheblich, denn sie werden als Qualitätssicherungsinstrument (und damit letztlich zur Fehleridentifikation) eingesetzt, und nicht zum Fliegenlernen. Als Profis könnten sie die notwendigen Checklisten natürlich auch selbst erstellen, denn die Prozeduren kennen sie eigentlich bereits auswendig. Ich ermuntere Sie deshalb, ein Profi zu werden (wenn Sie es nicht bereits sind) und sich auf dem Weg dorthin *Ihre eigenen*, individuellen Checklisten und Methoden zu erarbeiten. Denn dann – nur dann – passen diese auch hundertprozentig zu Ihrem individuellen Umfeld!

## Meetings und Protokolle

Meetings sind im Projektalltag unverzichtbar. Diese Art der persönlichen Kommunikation ist notwendig, um die menschliche Basis im Team zu pflegen und gemeinsam Ergebnisse zu erarbeiten. Sie kann erfahrungsgemäß durch keine andere Form der Zusammenarbeit ersetzt werden, so sehr es mit Net Meetings, Telefon- oder Videokonferenzen auch versucht wird.

Meetings kosten in jedem Projekt viel Geld und werden schnell zur Kostenfalle. Gerade in Situationen, in welchen viele Probleme auftauchen, erhöht sich erfahrungsgemäß die Frequenz der Meetings. Wer es nicht beherrscht, daraus echten Nutzen zu erzielen, wird schnell wertvolle Zeit und Geld verbrauchen.

Erfolgreiche Meetings abzuhalten, ist eine Kunst für sich. Es fängt damit an, die richtigen Leute einzuladen. Grundsätzlich sollen an einem Meeting nur Personen teilnehmen, die direkt von den zu besprechenden Themen betroffen sind. Nicht mehr („Warum haben Sie mich eigentlich eingeladen?") aber auch nicht weniger („Warum war ich nicht eingeladen?"). Weiterhin ist eine Agenda Grundvoraussetzung für ein Meeting. Diese setzt sich aus Diskussionspunkten der Teilnehmer zusammen und wird vom Moderator mindestens einen Tag vor der Sitzung verteilt. Andernfalls können die Teilnehmer erst in der Sitzung anfangen, sich über die einzelnen Punkte Gedanken zu machen. Dieses vorherige Verteilen gibt den Betroffenen die Möglichkeit, sich optimal vorzubereiten und selbst zu entscheiden, ob sie an der Sitzung teilnehmen müssen. Das spart Geld, Zeit und Nerven aller Beteiligten.

Dass ein Meeting, wie jeder andere Termin auch, grundsätzlich pünktlich beginnt, versteht sich eigentlich von selbst. Selbstverständlich gehört auch das Abschalten von Mobiltelefonen dazu. Leider wird der Startzeitpunkt von Meetings gerne oft als „ungefährer Anfang" interpretiert. Auch das ganz wichtige Telefonieren (mit betont leisem Aufstehen und Hinausgehen) ist eine verbreitete Unsitte. Da es nicht Ihre Aufgabe als Moderator ist, die Teilnehmer zu erziehen, empfehle ich Ihnen, die Sitzung einfach pünktlich zu beginnen und ohne Unterbrechung durchzuführen. Wer nicht da ist oder zwischenzeitlich hinausgeht, hat offensichtlich Wichtigeres zu tun.

„Eine Sitzung, zu der es kein Protokoll gibt, hat nicht stattgefunden." Das gilt für Personalgespräche unter vier Augen ebenso wie für Meetings mit 20 Teilnehmern. Protokolle haben die wichtige Funktion, objektiv zu belegen, was die Ergebnisse eines Meetings waren. Sowohl für die Teilnehmer als auch für Dritte, die informiert werden müssen. So gesehen sind Protokolle keine lästige Pflicht, sondern *Werkzeug* und *Ergebnis* zugleich. Deshalb dürfen Protokolle nie im Anschluss geführt werden. Das spätere Aufschreiben ist immer das Festhalten eines Selbstbilds des Protokollanten und nie einer im Konsens getroffenen Aussage. Sie kennen sicher solche Sitzungsprotokolle, bei welchen man den Eindruck hat, gar nicht dabei gewesen zu sein. Hier dachte sich der Protokollant eventuell: „Das haben wir zwar nicht besprochen, ich schreibe es aber trotzdem mal auf." Gefährlich wird das in Krisenmeetings, wo der Protokollant beim späteren Abtippen seine eigenen Formulierungen verwendet. Geschickt wird das eine oder andere hinzugefügt oder unter den Tisch fallen gelassen. Das Ergebnis dieser Arbeit wird anschließend als offizielles Protokoll verteilt.

Professionell und fair den Gesprächspartnern gegenüber ist es, in der Runde zu verkünden, was ins Protokoll aufgenommen wird. Anschließend wird es kopiert und zumindest einem Vertreter der Gesprächspartner direkt ausgehändigt. Daraufhin wird das handschriftliche Protokoll im Computer erfasst, nochmals mit den handschriftlichen Aufzeichnungen verglichen und an alle Teilnehmer verteilt. Somit hat jeder die Gewissheit und Kontrollmöglichkeit, dass im Protokoll auch tatsächlich das festgehalten ist, was gemeinsam besprochen wurde. Allein die Tatsache des offenen Aussprechens und unmittelbaren Verteilens hilft Kosten zu vermeiden. Späteren Diskussionen der Art „So haben wir das aber nicht besprochen" oder „Das haben wir doch so und so festgelegt" wird damit die Grundlage entzogen. Zeit wird gespart und soziale Konflikte werden vermieden.

Jeder kennt Meetings, in welchen hinterher keinem so recht bewusst ist, was eigentlich besprochen wurde. Alle gehen mit einem guten Gefühl auseinander: „Jetzt haben wird das endlich einmal besprochen." Kurze Zeit später, konfrontiert mit der Realität, stellt sich heraus, dass es offensichtlich gar keine Ergebnisse gibt, denn niemand fühlt sich zuständig und nichts verändert sich.

Aussagen der Art „Das ist ja eh klar, das müssen wir nicht aufschreiben" hören sich in Meetings beruhigend an, führen aber zu keinem Ergebnis. Wird die exakte Festlegung von Ergebnissen und Maßnahmen versäumt, so münden solche Meetings in einem Meer von Folgediskussionen: „... aber das haben wir doch so und so besprochen", „... ich dachte eigentlich, Sie machen das ..." Wo stehts? Mit wem wurde das besprochen? Wer ist verantwortlich? Bis wann ist es erledigt?

Für ein ergebnisorientiertes Meeting genügen drei Dinge: die Bereitschaft aller Beteiligten zum ergebnisorientierten Arbeiten, eine passende Methode und die Fähigkeit, diese Methode wirkungsvoll einzusetzen. Eine sehr gute Methode ist die so genannte „Action-Item-Protokollierung". Diese kommt aus dem militärischen Umfeld, wo bereits seit Jahrzehnten internationale Projekte über Raum- und Zeitgrenzen hinweg abgewickelt werden. In einem solchen Umfeld kann es sich niemand leisten, unstrukturiert vorzugehen. Auch hier gilt wieder, dass diese Methode ihren Nutzen nur entfalten kann, wenn sie auch bestimmungsgemäß angewandt wird. Ich kenne Unternehmen, die alle möglichen Meetings in Form von Action-Item-Protokollen dokumentieren und dabei die Gedanken der dahinterliegenden Methode überhaupt nicht umsetzen. Den Betroffenen fehlt oft das Grundverständnis, wie Ergebnisse produziert werden. Es ist ähnlich den im Abschnitt „Ziele" beschriebenen Zieldefinitionen: Ein Protokollpunkt der Art „Das neue X soll eingeführt werden" ist nahezu nutzlos. Es muss auch jemand umsetzen. Das sind typische Protokollpunkte, zu welchen in einer weiteren Sitzung konstatiert wird: „... wir haben doch beschlossen, dass das neue X eingeführt wird. Warum ist denn da noch nichts passiert?!"

Wie so etwas vermieden werden kann, möchte ich anhand der Action-Item-Methode kurz beschreiben. Ziel dieser Methode ist es, in Meetings echte Ergebnisse zu produzieren und *Aufforderungen*, *Beschlüsse*, *Empfehlungen* und *Feststellungen* in eindeutig nachvollziehbarer Weise festzuhalten. Die Methode bringt folgende Vorteile:

- Die Methode ist standardisiert und überall leicht anwendbar.
- Alle tatsächlichen *Ergebnisse* einer Besprechung werden festgehalten.
- Sie hilft dem Moderator, sich auf die Besprechung vorzubereiten und sie produktiv zu gestalten.
- Sie ermöglicht die einfache Kontrolle der Ergebnisse aus vorangegangenen Besprechungen.

Unter Ergebnissen wird hier Folgendes verstanden:

**Aufforderung** (oder „*Action*" bzw. „Aktion")

- Der Umfang einer Aktion ist immer *begrenzt* und *verpflichtet* den Verantwortlichen zum Handeln.
- Die Festlegung einer Aktion erfordert immer die *Zustimmung* des Betroffenen (nicht Anwesenden darf nicht einfach eine Aufgabe zugewiesen werden).
- Die Bearbeitungsdauer und die Kosten lassen sich abschätzen.
- Für die Lösung der Aufgabe wird ein eindeutiger *Endtermin* festgelegt.

**Beschluss**

- Ein Beschluss ist für alle *verbindlich*.
- Er erfordert die *Einigung* aller Beteiligten.
- Die Kosten und der Arbeitsumfang lassen sich *nicht* begrenzen oder sind gleich null.

**Empfehlung**

Eine Empfehlung wird ausgesprochen, wenn der Betroffene nicht anwesend ist oder wenn sich die Beteiligten nicht auf einen Beschluss oder eine Aktion einigen können.

- Eine Empfehlung darf einseitig ausgesprochen werden.
- Sie erfordert *keine* Einigung und ist *nicht* verpflichtend.

*Feststellung*

Eine Feststellung gibt Tatbestände, Sachverhalte und persönliche Sichtweisen einzelner Beteiligter wieder.

▒ Eine Feststellung darf einseitig ausgesprochen werden.

▒ Sie erfordert *keine* Einigung und ist *nicht* verpflichtend.

Das Vorgehen der Protokollierung unterliegt folgenden Bedingungen:

▒ Alle Ergebnisse werden *sofort* und vom Protokollanten *öffentlich verkündet* festgehalten. Dies verhindert, dass nachträglich Punkte aus der Sicht und dem Verständnis des Protokollanten erfasst werden, was nicht dem tatsächlich von allen Beteiligten Gemeinten entsprechen muss. Die Betroffenen müssen hören, was in das Protokoll eingetragen wird („Ich halte Folgendes fest: ...").

▒ Alle Ergebnisse (über alle Besprechungen in einem gleichen Umfeld hinweg) werden fortlaufend nummeriert. Damit kann jedes Ergebnis jederzeit eindeutig bestimmt werden. Wird in einem neuen Ergebnis auf ein älteres Ergebnis verwiesen, so bekommt das neue Ergebnis ebenso eine fortlaufende Nummer.

Die Beteiligten müssen zu jedem Ergebnis einen Konsens über folgende Fragen herbeiführen:

▒ Mit welchem Wortlaut wird das Ereignis beschrieben?

▒ In welche Kategorie fällt es?

▒ Wer ist betroffen?

▒ Ist ein eventuell angegebener Termin realistisch (nur bei Aktionen)?

Haben sich die Beteiligten auf ein Ergebnis geeinigt, so wird in das standardisierte Formular ein Punkt mit einer fortlaufenden Nummer aufgenommen. Dabei wird Folgendes festgehalten:

▒ Nummer des Ergebnisses.

▒ Art des Ergebnisses („A" Aktion, „B" Beschluss, „E" Empfehlung, „F" Feststellung).

▒ Wer ist davon betroffen?

▒ Stichwort (damit ein Punkt in einem langen Protokoll schnell gefunden werden kann).

▒ Text der Ergebnisse.

▒ Datum, bis wann das Ergebnis zu erledigen ist (nur bei Aktionen).

Als letzter Punkt wird das Datum des nächsten Treffens vereinbart.

Findet das nächste Meeting statt, so erhält jeder Teilnehmer eine Kopie des Protokolls (oder bringt diese selbstständig mit). Der Moderator geht alle Punkte des letzten Protokolls durch. Alle Aktionen werden auf Zielerreichung geprüft. Beschlüsse, Empfehlungen und

Feststellungen sind dabei nebensächlich, da sich daraus per Definition keine Aufgaben ableiten. Vermutlich gibt es dabei Aktionen, deren Abschlussdatum noch nicht erreicht wurde. Solche Punkte werden mit der bestehenden Nummer und den gleichen Daten in das neue Protokoll kopiert. Durch das Beibehalten der Nummer wird vermieden, dass ein und dieselbe Sache unter verschiedenen Nummern mehrfach auftaucht. Muss eine bestehende Aktion inhaltlich angepasst werden, weil sich die Inhalte geändert haben, der Verantwortliche krank geworden ist o. Ä., so wird die Aktion neu formuliert und – wie alle anderen neuen Ergebnisse auch – mit einer fortlaufenden neuen Nummer in das aktuelle Protokoll aufgenommen.

Damit werden zwei wesentliche Vorteile erzeugt: Alle aktuellen und zu prüfenden Punkte finden sich immer und ausschließlich auf dem letzten Protokoll. Es gibt keine Fragen der Art mehr: „Wir hatten doch vor einigen Sitzungen besprochen, dass ... Was ist denn daraus geworden?" Weiterhin lassen sich oft verschobene Punkte oder lang laufende Aktivitäten an niedrigen Nummern auf dem aktuellen Protokoll erkennen. Solche offensichtlich lästigen oder *„nice to have"*-Aktionen sollten frühzeitig neu definiert oder gänzlich gestrichen werden. So wird vermieden, dass das Protokoll zu einer Aktionsliste der Art „... wir wollten doch mal..." degeneriert.

Was verhindert den Erfolg von Ergebnisprotokollen?

Schlecht formulierte Ergebnisse:

▨ Passivformulierungen: „Am 13.05.2008 *wurde* entschieden, dass ..." Wer hat entschieden?

▨ Unklare Subjekte: „Man konnte feststellen, dass ..." Wer hat festgestellt und wie? „Es wird geprüft..." Wer prüft?

▨ Konjunktive und Hilfsverben: „Von Herrn Meier *sollte* eine Dokumentation zu X erstellt werden." „In der Abteilung Y *müsste* die neue Messanlage installiert werden." Sind das Verpflichtungen oder nur Wünsche?

▨ Formulierungen, bei welchen später niemand mehr erkennen kann, was genau die Aktion war. Dies entsteht häufig, wenn der Protokollant keine vollständigen oder grammatikalisch korrekten Sätze notiert, da er vorhat, diese später nochmals auszuformulieren. (Vorsicht, das ist ohnehin unerwünscht.) Mehr dazu im Abschnitt „Vollständige Sätze".

Unsachgemäße Anwendung:

▨ Werden Details der Protokollierungsmethode bewusst oder unbewusst abgeändert, so verschwimmen langsam die zugrunde liegenden Standards und Regeln der Action-Item-Protokollierung: z. B. Verändern der kontinuierlichen Nummerierung oder Festlegen von Terminen bei Beschlüssen, Empfehlungen oder Feststellungen. Früher oder später werden dann Meetings wieder nach alten Regeln durchgeführt. Das Action-Item-Formular wird behalten, während die eigentliche Methode auf der Strecke bleibt.

▓ Häufigste Unsitte ist das Festlegen von Aktionen für Personen, die nicht anwesend sind. Ein solches Verfahren ist grundsätzlich nicht sinnvoll, nicht nur bei Action-Item-Protokollen. Jemand, der Verantwortung für irgendetwas übernehmen soll, muss diese auch persönlich übernehmen. Kommt es andernfalls zu Konflikten, so wird er sich auf den Standpunkt stellen: „Ich habe das ja gar nicht gewollt. Es ist mir nur angeschafft worden. Dafür bin ich nicht verantwortlich." Wer dann? Die Teilnehmer des Meetings oder der Vorgesetzte? Ein solches „Über-andere-Bestimmen" ist nicht nur unfair; die Erfahrung zeigt, dass es in der Praxis nicht funktioniert.

Ein Beispielprotokoll zeigt nachstehende Abbildung. Die entsprechende Vorlage erhalten Sie im Internet unter [Mangold].

## Vollständige Sätze

Das Thema „vollständige Sätze" ist trotz aller Kürze so wichtig, dass ich ihm einen eigenen Abschnitt widmen möchte. Was sagt ein Protokollpunkt „Spezifikation DSM, Schnittstelle SAP" aus? Richtig, eigentlich gar nichts. Obwohl viele Protokollanten, Systemdesigner, Entwickler, Handbuchautoren oder Personen mit ähnlichen Aufgaben weltweit immer wieder der Meinung sind, es wäre für den Betreffenden „eh klar", was sie aufschreiben, so lehrt die Praxis kontinuierlich anderes. Es ist eben nicht klar, ob obiger Punkt bedeutet, Person X soll die „Spezifikation DSM, Schnittstelle SAP (selbst) erstellen" oder dafür sorgen, dass die vorliegende Fassung „abgestimmt wird" (mit wem? – dem Kunden? – den Lieferanten?) o. Ä. Ich erlebe regelmäßig Sitzungen, in welchen Grundsatzdiskussionen aufgrund unvollständiger Sätze vergangener Protokolle ausbrechen: „Personaldatenbankanbindung ans Intranet" – „Wie weit sind Sie mit der Umsetzung?", „Wieso, der Punkt hat bedeutet, dass ich bis heute Vorschläge erarbeite", „Das haben Sie völlig falsch verstanden. Es war so gemeint, dass ...". Es entsteht allgemeine Verwirrung, nur weil jemand der Meinung war, es würde schon genügen, was er aufschreibt – für die Betroffenen ist es ja später „eh klar". Das gilt für Protokolle, Handbücher, Pläne, Spezifikationen, eigentlich für alle Dokumente des täglichen Geschäftsverkehrs. Auch E-Mails: „hi, brauch noch die dokus zum enablmod. thx grz klaus." Solche Formen der Kommunikation kosten wirklich Geld.

## Besprechungsprotokoll

| | |
|---|---|
| Projekt: | Intern: ISI, Integration von Suchmaschinen im Intranet |
| Besprechungsdatum: | 15.03.2008 |
| Ort: | Mangold International GmbH |
| Thema: | Beschluss einer Realisierungsvariante |
| Teilnehmer: | Fr. Scholl, Hr. Maier, Hr. Rüder |
| Verteiler: | alle Teilnehmer |
| Protokollführer: | Hr. Maier |

| Nr. | Art | Betroffen | Stichwort | Beschreibung | Termin |
|---|---|---|---|---|---|
| **Offene Punkte vorheriger Protokolle** | | | | | |
| 37 | A | Scholl | Team | Fr. Scholl wird ein geeignetes Projektteam zusammenstellen, das die Realisierung übernehmen kann. | 05.03.2008 |
| **Neue Punkte** | | | | | |
| 46 | B | alle | Realisierungsvariante | Folgendes wurde einstimmig beschlossen: Die in „Evaluation Suchmaschinen, V1.3, Hr. Rüder, Mangold Software & Consulting, 12.02.2008" vorgeschlagenen Variante 3 wird realisiert. | - |
| 47 | A | Scholl, Maier | Umsetzung | Fr. Scholl wird Herrn Maier bis zum 12.04.2008 alle bis dahin erarbeiteten Dokumente übergeben, so dass die Realisierung von Hr. Maier geleitet werden kann. | 12.04.2008 |
| 48 | E | Rüder | Testumgebung | Hr. Rüder empfiehlt, als Testumgebung die Installation des Intranets auf einem der vorhandenen W3F Computer vorzunehmen. | - |

Aufforderung, Beschluß, Empfehlung, Feststellung

33

Das Geld Ihres Projekts. Immense Kosten können durch eine Spezifikation mit folgendem Inhalt entstehen: „Die Dateiformate sollen austauschbar sein." Der Autor hat aus „Eh-klar-Gründen" nicht dazu geschrieben, wie das genau gemeint ist: Welche Dateiformate? Die aus Kapitel X? Wie, untereinander? Welche mit welchen? Oder grundsätzlich „austauschbar" gegen Drittformate? Auch die Review-Beteiligten haben aus ähnlichen Eh-klar-Gründen darüber hinweg gelesen: „Die andern werden schon wissen, was damit gemeint ist." Nur der neue Abteilungsleiter, der das Projekt mit seinem neuen Posten „geerbt" hat, interpretiert das völlig anders – und zahlt nicht, bis das auch so realisiert ist.

Dabei ist es so einfach, vollständige Sätze zu bilden, die das Gemeinte auch aussagen. Es müssen keine lyrischen Ergüsse sein. „Herr X erstellt die Neufassung der DSM-Spezifikation, um die Ergebnisse der Besprechung vom ... über die SAP-Integration bei der Y AG zu berücksichtigen." So etwas reicht völlig.

Sie sollten unbedingt darauf achten, dass alle Projektbeteiligten den Nutzen vollständiger Sätze kennen. So lassen sich Missverständnisse vermeiden und unnötige Kosten sparen. Zehnmal am Tag fünf Minuten bei jemandem etwas nachfragen zu müssen, sind fast zwei ganze vergeudete Personenstunden. Und damit keiner warten muss, bis der andere erreichbar ist, gibt's ja E-Mail. In Kurzform natürlich. Geht schneller. thx, CU! ...

## Dokumentation

Ich erinnere mich immer wieder gerne an eine Benutzeranleitung für ein produktiv eingesetztes System (Umfang > 100 000 Euro), die aus Login-Information und Pfadangaben zu Skripten bestand, notiert auf der Rückseite einer Visitenkarte. Dieses lag auf dem Desktopgehäuse des Produktivsystems ...

Eine „Dokumentation", die mit den Worten beginnt „Die Werte werden wie folgt berechnet: ..." o. Ä., ist völlig nutzlos. Von einem Stück Papier, das mir jemand auf den Tisch legt, erwarte ich, sofort erkennen zu können: *„Was, wofür, von wem, wann."* Dies gilt für jegliche Art von Dokument. Textdateien, Schaubilder, Kalkulationen, grafische Entwürfe, Modelle etc. Eben alles, was sich auf Papier bringen lässt. Nichts ist in einem Projekt nutzloser als ein Blatt, auf dem irgendwelche komplizierten Klassendiagramme zu sehen sind, wobei nicht erkennbar ist, zu welchem Projekt diese gehören. „Aber das ist doch eh klar. Zum laufenden natürlich." (Was für eine Frage!) Und in einem halben Jahr? Wenn jemand wissen will, wie dies und das gemacht wurde, weil etwas erweitert oder verbessert werden muss? „Ich habe da noch so ein paar Diagramme ... Moment mal ... Ich glaube, das gehört dazu ... Oh, schauen Sie doch einfach einmal in den Source Code." Was sagt der Auftraggeber zu folgender Begründung: „Es tut mir leid, die Änderung ist so teuer, weil wir selbst nicht mehr wissen, wie wir das System gebaut haben. Wir müssen uns da erst wieder einarbeiten. Wie Sie sicher wissen, ist das ganz schön kompliziert (Entschuldigung). Vielleicht beruhigt es Sie ja, dass die eigentliche Änderung nur 20 Minuten dauert ..."

Eine vollständige und inhaltlich korrekte Dokumentation gehört zu jedem Projekt. Das müssen nicht immer 100 Seiten dicke Wälzer sein. Auch ellenlange Reports aus Modellierungswerkzeugen mit der Deklaration aller Attribute schießen meist am Ziel vorbei. Oft genügen ein paar Seiten mit Schaubildern und der kurzen Beschreibung der Grundidee. Dies hat den Vorteil, dass eine solche Dokumentation oft auch nach mehreren Änderungen eines Systems Gültigkeit hat. Eine eindeutige Abbildung zwischen Dokumentation und Entwicklung ist oftmals nur mit großen Mühen realisierbar. Es gibt natürlich Bereiche, wo dies unabdingbar ist: in sicherheitskritischen Anwendungen, im Flugzeugbau, bei Anlagensteuerungen o. Ä. Dort wird meist der gesamte Entwicklungsprozess so aufgesetzt, dass Großteile der Dokumentation automatisch und *up to date* generiert werden können. Wer solche Werkzeuge nicht einsetzt, wird vermutlich sehr viel Aufwand in „das Nachziehen" von Dokumentation stecken. Hier stellt sich die Frage, ob die Dokumente von Form und Inhalt her unpassend aufgesetzt wurden und ob sich der Aufwand überhaupt rentiert. Dies ist kein Freibrief für das Unterlassen von Dokumentation, sondern die Aufforderung, Dokumente einfach und gleichzeitig aussagekräftig zu gestalten.

Welche Dokumente in einem IT-Entwicklungsprojekt mindestens entstehen müssen, zeigt nachfolgende Auflistung:

▓ Kostenkalkulation,
▓ Angebot,
▓ Beauftragung,
▓ Anforderungsdokumentation
   (Requirements-Analyse-Dokument),
▓ Systemdesigndokument,

- Testspezifikation,
- Anwenderdokumentation,
- Lieferschein,
- Abnahmeprotokoll.

Was diese Dokumente beinhalten, wird später im Kapitel „Ein mögliches Projektablaufmodell" detailliert dargestellt.

## Versionierung

Dokumente, die Änderungen unterworfen sind, müssen eine Versionsnummer mitführen. Das einfache Datum genügt in den meisten Fällen nicht. Genau genommen sind von der Versionspflicht *alle* Komponenten eines Systems betroffen, also auch Compiler, Bibliotheken, Hardwarekomponenten, Anleitungen etc. Selbstverständlich funktioniert dies nur, wenn nach *jeder* Änderung eines Dokuments die Versionsnummer vor dessen Veröffentlichung hochgezählt wird. Eine einfache Nummerierung der Form x.y genügt dabei meist. Der Wert y wird hochgezählt, wenn im Dokument unwesentliche Änderungen vorgenommen wurden. Der Wert x wird bei grundlegenden Erweiterungen oder Veränderungen hochgezählt, während gleichzeitig der Wert y auf 0 zurückgesetzt wird. Welche Änderungen wesentlich oder unwesentlich sind, liegt im Ermessen des Autors. Im Prinzip ist es eigentlich unerheblich, welche Nummerierungsmethode Sie anwenden. Dokumente mit unterschiedlichem Inhalt müssen lediglich sofort als solche erkennbar sein.

Weiterhin muss eindeutig klar sein, welches das aktuelle ist. Ideal ist eine Versionshistorie, in der mit kurzen Worten beschrieben ist, welche Änderungen am Dokument vorgenommen wurden, z. B.: „Kapitel, Beschreibung der Schnittstelle zu XYZ' eingefügt." Ein idealer Ort hierfür ist die Seite nach dem Titelblatt.

Die Versionsnummer kann auch durch andere Ereignisse hochgezählt werden. Aus einer Versionsnummer „1.34" wird aus politischen Gründen oft eine „2.0" gemacht, wenn das Dokument an den Auftraggeber ausgeliefert wird. Ein solches Vorgehen ist nicht empfehlenswert. Wenn es trotzdem angewandt wird, so sollte zumindest in der Versionshistorie vermerkt werden „Versionsänderung aufgrund von Freigabe" o. Ä. Andernfalls kann viel Zeit damit verbracht werden, die vermeintlich wesentlichen Neuerungen im Dokument zu suchen.

Beispiel:

**Versionshistorie**

| Version | Datum | Veranlassung | Autor |
|---------|-------|--------------|-------|
| 0.5 | 13.11.2008 | Erstausgabe | P. Mangold |
| 0.6 | 15.11.2008 | Farbschema in Kap. „Styleguide" erweitert | Dr. G. Huber |
| 1.0 | 01.12.2008 | Kap. „Use Cases" eingefügt | F. Breisinger |
| 1.1 | 13.12.2008 | Neue Attribute in Entität „Aktion" | Dr. A. Maier |
| 2.0 | 13.12.2008 | Versionsänderung nach formalen Änderungen durch Review und Freigabe | P. Mangold |

# Reviews

Eine der wichtigsten und gleichzeitig am einfachsten anwendbaren Methoden zur Fehlervermeidung ist das so genannte Review. Es hat zum Ziel, ein Ergebnis „noch einmal" (*re view*) hinsichtlich inhaltlicher (oder auch formaler) Korrektheit zu prüfen.

Ein Ergebnis noch einmal von einem anderen Fachmann prüfen zu lassen, ist jederzeit von Vorteil. Die Wahrscheinlichkeit, dass ein Fehler entdeckt wird, ist natürlich umso größer, je mehr Fachleute das Ergebnis ernsthaft prüfen. Ich kenne zahlreiche Projekte, in welchen Reviews nur aus dem „Querlesen" oder „Kurz-unter-die-Haube-Schauen" bestehen. Das Ausfüllen eines Protokollformulars ist dann nur noch falsch verstandene Pflichtentledigung. Solche Reviews sind ebenso sinnvoll wie die Wartung eines Atommeilers durch kritische Blicke auf dessen Betonhülle. Wenn Sie einen Riss entdecken, ist es vielleicht schon zu spät.

**Wie funktioniert ein Review?**

Entsprechende Fachleute werden gebeten, den Gegenstand des Review auf inhaltliche und/oder formale Korrektheit zu prüfen.

- Die inhaltliche Korrektheit betrifft den Gegenstand aus fachlicher Sicht; ein Review kann prüfen, ob in einem Softwaredesign-Dokument alle Schnittstellen korrekt beschrieben wurden. Weiterhin kann eine Prüfung die vollständige Nachvollziehbarkeit aller Anforderungen in einer Testspezifikation betreffen.
- Die Prüfung der formalen Korrektheit kann z. B. auf grammatikalische Fehler in Dokumenten ausgerichtet sein (Benutzerhand-

bücher, Angebote, Briefe) oder auf die Einhaltung der Regeln des Konfigurationsmanagements (korrekte Nummerierung, aussagekräftige Versionshistorie etc.). Üblicherweise werden solche formalen Prüfungen, die nach einem gleichbleibenden Schema durchgeführt werden können, auch als „Inspektionen" bezeichnet.

Wenn bei einem ersten Review lediglich Grammatik- und Rechtschreibfehler angestrichen werden, so gibt es dafür zwei plausible Erklärungen:

- Das zu prüfende Ergebnis war im ersten Anlauf bereits fast perfekt. Dieser Fall ist im Entwicklungsbereich äußerst selten. Komplexe Systementwicklung benötigt vor jedem Problemlösungsschritt meistens einige Iterationen.

- Der Prüfer hat nicht genau hingesehen bzw. verfügt nicht über genügend fachliches Verständnis. Dieser Fall kommt relativ häufig vor. Grammatik- und Rechtschreibfehler zu finden, ist eine Entspannungstätigkeit, bei der sich die Beteiligten nicht besonders eindenken müssen; „Hm, verstehe ich nicht. Wird schon so stimmen." Oder: „... das ist mir zu komplex. Das muss wohl so sein."

Ich erinnere mich an ein Projekt, in dem die Entwickler Analyse- und Designdokumente erstellten, die jeweils vom Projektleiter einem Review unterzogen wurden. Im Laufe der Implementierungsphase fielen ca. 60 % der Zeit der Klärung von Details zum Opfer, die bei den vorherigen Reviews übersehen wurden. Die Reviews waren unzureichend, da der Durchführende (hier der Projektleiter) die Sichtweise der Anwender nicht vertreten konnte. Er nahm die Analyse und das Design aus der Entwicklungsabteilung als bereits korrekt an, ohne die tieferliegenden Details zu hinterfragen.

Ein Review-Partner ist immer eine *unabhängige, fachlich kompetente* und seiner *Verantwortung bewusste* dritte Person (niemals der Autor selbst). Geeignete Review-Partner zu finden, ist oft nicht einfach. Je nach zu prüfendem Ergebnis können dies sehr unterschiedliche Personen sein. Beispiel: Für eine Anforderungsdefinition (Requirements-Analyse) ist es sinnvoll, ein Review von einem erfahrenen Systemdesigner durchführen zu lassen, der die Technik des Requirements Engineering beherrscht. So kann sichergestellt werden, dass das Dokument aus *technischer* Sicht den Anforderungen an den Softwareentwicklungsprozess gerecht wird. Weiterhin muss das Ergebnis von einem Endanwender geprüft werden. Nur so kann sichergestellt werden, dass auch alle *inhaltlichen* Aspekte abgedeckt sind.

Manchmal genügt es nicht, nur ein Review durchführen zu lassen: Würde in obigem Beispiel eines der beiden Reviews unterlassen, so könnte es passieren, dass das Dokument aus Anwendersicht den Anforderungen entspricht, aber aus Entwicklungssicht unbrauchbar ist. Eine Anforderung der Art „Eine Liste der Kontendaten soll dargestellt werden" ist aus Benutzersicht sicher korrekt. Aus Sicht der Entwicklung ist eine solche Anforderung hingegen völlig unzureichend und in dieser Form unbrauchbar. Vice versa können die technischen Inhalte korrekt sein, während wichtige Anwendungsfälle fehlen.

Nachfolgende Abbildung veranschaulicht nochmals den Nutzen von Reviews: Ohne Reviews „driftet" die Erstellung des Ergebnisses vom Zielpfad ab. Der Abgleich zwischen Soll und Ist findet nicht statt. Ganz anders beim Einsatz von Reviews. Hiermit erfolgt eine regelmäßige Korrektur des jeweiligen Zwischenergebnisses. Die Größe der Schritte zwischen den Reviews kann variiert werden. So sorgen anfänglich häufigere Korrekturen zur frühzeitigen Vermeidung von Fehlentwicklungen. Bei guten Richtungsvorgaben können Reviews gegen Ende seltener stattfinden. Auch wenn durch Reviews ein vermeintlicher Mehraufwand entsteht, so helfen sie doch in jedem Fall Kosten zu vermeiden.

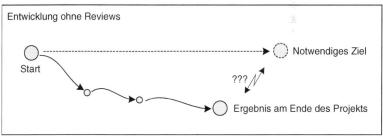

Entwicklung ohne Reviews

Start

??? 

Notwendiges Ziel

Ergebnis am Ende des Projekts

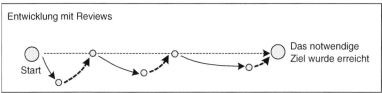

Entwicklung mit Reviews

Start

Das notwendige Ziel wurde erreicht

O  Projektergebnis
→  Arbeitsfortschritt
⇢  Korrektur durch Review

# Einbeziehung des Auftraggebers

Reviews bieten eine ideale Möglichkeit, den Auftraggeber aktiv in Projekte mit einzubeziehen. Es ist nicht nur eine Frage der Fairness, ihn mitwirken zu lassen, es ist auch eine Frage der Verteilung von Verantwortung. Kann der Auftraggeber bei der Erbringung eines Ergebnisses nicht mitwirken, weil er nicht dazu aufgefordert wird, oder lehnt er die Mitwirkung ab, so liegt die gesamte Verantwortung für das Projekt bei Ihnen. Fehlt später etwas, so müssen Sie sich der Aussage stellen: „Sie haben uns ja nie gefragt!" Läuft etwas schief, so wird Ihnen vorgeworfen: „Warum haben Sie uns nicht rechtzeitig informiert?" Reviews haben neben der Prüfung inhaltlicher und formaler Aspekte ganz gezielt eine weitere Funktion: *die Verteilung von Verantwortung.* Geben Sie so viel Verantwortung wie möglich an den Auftraggeber ab. Das hat nichts mit „sich vor Verantwortung drücken" zu tun. Es ist unsinnig, die Verantwortung für alles übernehmen zu wollen. Insbesondere für Dinge, die Sie eigentlich guten Gewissens gar nicht verantworten können. Kennen Sie sich in einem IT-Projekt in *allen* Dingen so gut aus, dass Sie dafür auch die Verantwortung übernehmen können? Auch in den internen Prozessen Ihrer Kunden und den dort herrschenden besonderen Bedingungen und nie offen ausgesprochenen Wünschen? Der Auftraggeber hat nicht nur das Recht mitzuwirken. Seine Mitwirkung ist in fast allen Fällen für einen erfolgreichen Projektablauf Grundvoraussetzung. Diese Tatsache muss mit ihm geklärt und vertraglich festgehalten werden.

# Sinnvolle Ablagestrukturen

Was nützt die ganze inhaltlich perfekte Arbeit, wenn die eigenen oder die Ergebnisse anderer nur mit Mühe und Not wieder gefunden werden können. In jedem Projekt gibt es drei Fragen, die Sie jederzeit beantworten können müssen:

▪ Was war vereinbart?
▪ Was haben wir vom Auftraggeber bekommen?
▪ Was haben wir geliefert?

Wenn Sie eine dieser Fragen nicht beantworten können, so erzeugt das Zusammensuchen der notwendigen Information und Unterlagen bei Bedarf mit Sicherheit erheblichen Aufwand. Dies kann durch zwei Dinge vermieden werden:

▪ eine standardisierte Ablagestruktur für Projektergebnisse,
▪ eine Konvention, wie die Ergebnisse zu benennen sind.

Ich verwende selbst seit Jahren folgende Struktur und Methode, die sich in Projekten aller Größen gleichermaßen gut bewährt hat:

Jedes Projekt erhält eine standardisierte Ordnerstruktur auf einem Netzlaufwerk in der Art wie unten dargestellt.

Dabei gibt es lediglich drei Regeln:

▪ Jede Datei und jedes Verzeichnis erhält einen sinnvollen Namen. Dieser muss auch zu einem späteren Zeitpunkt erkennen lassen, welchen Zweck die Datei verfolgt. Wer von Dateien mit Namen „Prä-

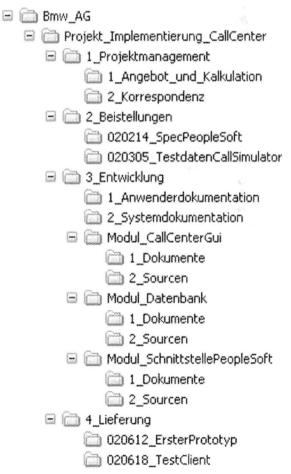

sentation.doc", „AAATest.dat" oder Verzeichnissen der Art „Neuer Ordner" umgeben ist, weiß, wie schwer für manche eine solche Regel sein kann.

▨ Dateien und Verzeichnisse, die keinen Änderungen unterworfen sind, erhalten als Namenspräfix das jeweilige Datum in der Form JJMMTT. Das Systemdatum eignet sich nicht, da durch Öffnen eines Dokuments und eventuell automatisches oder unachtsames Speichern das ursprüngliche Datum überschrieben werden kann.

▨ Jedes Dokument liegt an der Stelle, wo es per Definition hingehört. Nur dort und nirgendwo anders.

Die Ablagemethode ist wirklich ebenso simpel wie effektiv.

Im Ordner „1_Projektmanagement" findet sich alles, was mit dem *Management* des Projekts zu tun hat – also „Ihre" Dokumente, gegliedert nach Angebot (Angebotsdokumente, Kalkulationsdokument und eventuell Präsentationen, die im Rahmen des Angebots stattgefunden haben) und der dazugehörenden Korrespondenz.

Unter „2_Beistellungen" liegen alle elektronisch verfügbaren Dokumente (Spezifikationen, Anleitungen, Source Codes, Testdaten etc.), die Ihnen der Auftraggeber im Laufe des Projekts zur Verfügung gestellt hat. Insbesondere bei den Zulieferungen sind aussagefähige Dateinamen mit Datum wichtig. Sie müssen gegebenenfalls nachprüfen können, wann Sie welche Information erhalten haben. Das liefert in Streitfällen natürlich keinen Beweis, aber *nicht* zu wissen, ob man eine entsprechende Information „rechtzeitig" erhalten hat, ist in jedem Fall teuer.

Unter „3_Entwicklung" findet sich alles, was im Rahmen des Projekts entsteht, gegliedert nach logischen Einheiten, hier als „Modul" bezeichnet. Das ist die Ecke der Entwickler, mit freiem Gestaltungsspielraum. Darüber hinaus gibt es hier einen Ordner für die Endanwender-Dokumentation, die das gesamte System betrifft, und einen Ordner für systemübergreifende Spezifikationen. Alles, was sich eindeutig einem Modul zuordnen lässt (auch Design- und Testspezifikationen), landet in einem dieser Modulordner.

Der Ordner „4_Lieferung" beinhaltet alles, was jemals an den Auftraggeber geliefert wurde. Gekennzeichnet mit einem Datum und sinnvollen Namen.

Das ist eigentlich alles.

Parallel dazu gibt es einen physikalischen Projektmanagement-Ordner, in dem alle Dokumente abgeheftet werden, die als „Dokument" im rechtlichen Sinne aufgehoben werden müssen:

- die Liste aller Ansprechpartner,
- das unterschriebene und aktuelle Angebot,
- die Kalkulationsgrundlage,
- der offizielle Auftrag,
- ein Projektmanagement-Plan,
- Review- und Testprotokolle,
- Change Requests und Bug Reports,
- kaufmännisch relevanter Schriftwechsel (z. B. zu Vertragsänderungen; nicht jede ausgedruckte E-Mail),
- Lieferscheine,
- Abnahmeprotokoll,
- eine gebrannte CD mit den Lieferergebnissen kann den Ordner ergänzen.

Alle anderen Dokumente haben im Projekt*management*-Ordner nichts zu suchen. Sie werden separat abgeheftet. Der physikalische Projektmanagement-Ordner ist das Heiligtum des Projekts. Er ist in etwa vergleichbar mit einem Ordner, in dem sich Ihre privaten Verträge und Zeugnisse befinden.

Der Projektmanagement-Ordner ist die kaufmännische Schnittstelle zwischen Auftragnehmer und Auftraggeber. Auch nach Jahren muss hiermit eventuell belegt werden können, dass der Auftragnehmer seinen Verpflichtungen nachgekommen ist. Der Projektmanagement-Ordner hat eine standardisierte Struktur. So wird nichts vergessen, und jedes wichtige Dokument kann schnell gefunden werden. Wenn ich eine Kalkulation suche, so bin ich mir sicher, dass diese im Netz nur im Ordner „Projektmanagement\Angebot_und_Kalkulation" liegen kann und sich auf Seite drei des zugehörigen physikalischen Ordners findet. Wenn mir ein Kunde mitteilt, dass er die Dokumentation zum (vor Wochen) gelieferten Prototyp nicht mehr finden kann, so sehe ich in meinem physikalischen Projektordner nach, welche Lieferung das war und welche Bestandteile die Lieferung hatte. Gibt es dort einen Posten der Art „Anwenderdokumentation zum Prototyp des Systems X, Version x.y", so suche ich das Pendant auf der Festplatte, das ich anhand des Datums und der Bezeichnung des Ordners leicht identifizieren kann. Dort muss die Anwenderdokumentation zu finden sein. Diese kann ich dem Auftraggeber nochmals umgehend per E-Mail zukommen lassen. Dauer: ca. 15 Minuten.

Regeln und Standards können unser Leben einfach machen. Hält sich dagegen jemand aus dem Projekt nicht an die Regeln, entstehen schnell unnötige Kosten und soziale Konflikte. So manche Suche nach einer Kleinigkeit kann zum echten Problem werden. „Wo ist denn nur das Abnahmeprotokoll?" „Das hat uns damals der Meier unterschrieben. Der ist aber nicht mehr beim Kunden." „Sein Nachfolger gibt die Rechnung nicht zur Bezahlung frei. – Wer hat uns denn damals eigentlich den Auftrag gegeben?" „Weiß ich nicht mehr so genau." Nicht nur für kleine Unternehmen sind solche Situationen existenzbedrohlich. Außenstände von einigen hunderttausend Euro und absehbare Rechtsstreitigkeiten lassen sich nicht einfach aus der Portokasse zwischenfinanzieren.

Auf die Gefahr hin mich zu wiederholen: Regeln und Standards können unser Leben einfach machen. Darüber hinaus ist es wie in fast jedem Job der Welt: Das beste Know-how kann sich nur mühsam entfalten, wenn Sie nicht über die passenden Werkzeuge verfügen. Ein Schreiner ohne Säge, ein Metzger ohne Messer, ein Maurer ohne Kelle – sie alle sind zum Improvisieren verurteilt. Das dauert meistens länger und liefert vermutlich nicht das erwartete Ergebnis. Sorgen Sie dafür, dass Sie die notwendigen Hilfsmittel zur Hand haben, und denken Sie daran, dass ein Tool nichts von selbst erledigt. Auf welche Regeln, Tools und Methoden Sie sich auch einigen, stellen Sie dabei sicher, dass alle deren *Sinn und Nutzen verstehen* und *diese auch anwenden können*. Auch wenn es wie eine Binsenweisheit klingt: Ein Werkzeug kann immer nur so gut sein, wie der, der es bedient.

# Ein mögliches Projektablaufmodell

Wie bereits erwähnt, ist ein Projekt ein kontinuierlicher Dialog zwischen Auftragnehmer und -geber. Die Abbildung auf S. 46 stellt einen solchen Dialog in Form eines generischen Projektablaufmodells dar.

Auf der linken Seite steht der Projektleiter, stellvertretend für den Auftragnehmer. Dieser befindet sich während des gesamten Projekts im Dialog mit dem Auftraggeber, dargestellt durch horizontale Pfeile. Die Texte an den Pfeilen stellen die Intention des jeweiligen Schritts dar. Alle diese Schritte werden bis auf das erste Gespräch durch Dokumente begleitet. Diese sind in Kästen dargestellt. Der Ablauf des Projekts ist von oben nach unten dargestellt. Dabei gibt es einzelne Phasen, die an der rechten oder linken Seite dargestellt sind. Die Schleifen in den von oben nach unten gerichteten Pfeilen deuten Iterationen an, d. h., diese Phase wird so lange durchlaufen, bis das gewünschte Ergebnis vorliegt. In diesen Phasen entstehen damit von einem Dokument mehrere Versionen. Für jede dieser Versionen muss ein Review durchgeführt werden (z. B. Softwaredesign, Version 1, 1.1, 1.2 etc.), bis das Dokument vom Auftraggeber als erfolgreich abgeschlossen bestätigt wird. Wie bereits erwähnt, ist „Dokument" hier ein allgemeiner Begriff, der auch für einen Oberflächenentwurf, ein Source-Code-Dokument, einen Prototyp o. Ä. stehen kann. Alles, was im Lauf des Projekts entsteht, muss unter Konfigurationsmanagement gestellt werden. Sie müssen gegebenenfalls zu einem wesentlich späteren Zeitpunkt (oftmals lange nach Projektabschluss) belegen können, dass der Oberflächenentwurf auf Wunsch des Auftraggebers geändert worden ist (und zwar am Datum X durch Change Request Y) und dass die Testspezifikation darauf hin korrekt angepasst wurde, was wiederum durch Review zum Zeitpunkt Z vom Auftraggeber bestätigt wurde. In lang laufenden Projekten, mit häufigen Richtungswechseln, oder wenn der Auftraggeber sich zur Zahlung weigert, ist so etwas übliche Praxis. Alle mit einem „Q" gekennzeichneten Dokumente sind in diesem Sinn „Qualitätsnachweise". Nachweise, dass Sie nach dem Stand der Technik und den Vereinbarungen alles Erdenkliche getan haben, um die Qualität des Endergebnisses sicherzustellen. Dies betrifft *alle* Dokumente. Ein Review-Protokoll zu einem nicht mehr auffindbaren Softwaredesign-Dokument ist praktisch wertlos. Die explizit mit „Q" gekennzeichneten Dokumente werden auch gerne „vergessen" oder als unnötig betrachtet.

**45**

# Ein mögliches Projektablaufmodell

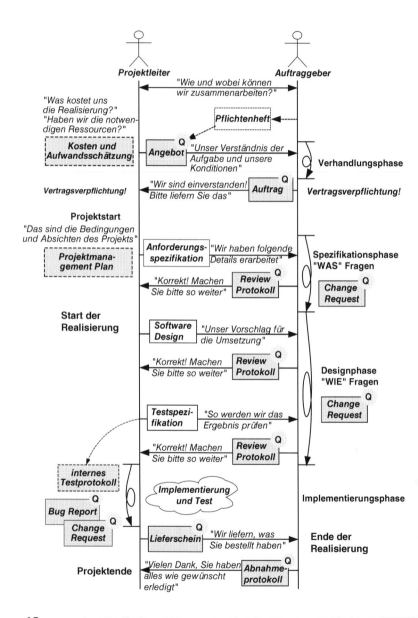

... Leider oftmals auch Angebot und Beauftragung („Ihnen reicht doch bestimmt auch ein telefonisches O. K.?!"). Die auf der linken Seite gestrichelt dargestellten Dokumente sind interne Dokumente des Auftragnehmers. Sie dienen zur Planung und Projektsteuerung. Kosten und Aufwandsschätzung und Projektmanagement-Plan sind nicht für den Auftraggeber bestimmt – ein bisschen Betriebsgeheimnis muss sein.

Um allen Missverständnissen vorzubeugen: Es handelt sich hier um ein *Modell*, das so als Prozess angewandt werden kann, aber nicht muss. Es geht um die Grundprinzipien eines IT-Entwicklungsprojekts. Es ist völlig unerheblich, ob Sie den *Rational Unified Process* (RUP), das V-Modell oder andere, firmeninterne Entwicklungsprozesse anwenden: Entscheidend ist das Verständnis der Zusammenhänge des jeweiligen Modells und des Ablaufs eines darauf basierenden Prozesses. Moderne Modelle sind bereits seit längerem davon abgekommen, IT-Projekte in abgeschlossenen Phasen zu betrachten. So sieht auch RUP ein kontinuierliches Voranschreiten der Projektergebnisse auf mehreren Ebenen und über Phasengrenzen hinweg vor. Selbstverständlich können Sie einem beliebigen Entwicklungsprozess folgen: Doch um zu vermeiden, dass Ihnen die Felle davonschwimmen, wenn Sie an mehreren Baustellen arbeiten oder bereits geschlossene Baustellen wieder öffnen müssen, ist es notwendig, die Grundprinzipien eines kaufmännisch orientierten Projektablaufs verinnerlicht zu haben. Betrachten Sie den dargestellten Prozess als Hilfsmittel, um diese Prinzipien anschaulich erklären zu können.

Im Wesentlichen besteht ein IT-Entwicklungsprojekt immer aus den Phasen „Angebot", „Start", „Realisierung" und „Abschluss". Ob die Kalkulation und Angebotserstellung bereits zum Projekt hinzugerechnet werden oder als Akquise-Phase außen vor stehen, ist von Unternehmen zu Unternehmen verschieden. Letztendlich startet ein Projekt spätestens mit der Beauftragung, wobei der Auftraggeber natürlich auch aus dem eigenen Unternehmen kommen kann.

## Die Lizenz zum Hacken

Gehen wir noch etwas näher auf mögliche Projektablaufmodelle ein: Wenn wir, wie bereits mehrfach dargelegt, noch keine allgemein gültige Methode gefunden haben, um Software mit dem gewünschten Erfolg zu entwickeln, warum drehen wir dann nicht einfach den Spieß um und erheben die übliche Vorgehensweise zur Methode?

Eine Bestandsaufnahme aktueller Entwicklungskultur:

a. Die Entwickler machen untereinander aus, wie sie das Ganze entwickeln werden, unabhängig von der Spezifikation, „die sowieso nicht stimmt" (oder gar nicht existiert).

b. Nicht Spezifikation oder Dokumentation ist das Ziel, sondern „es zum Laufen bringen".

c. Mitarbeiter des Auftraggebers diskutieren mit den Entwicklern „auf dem kleinen Dienstweg" per E-Mail oder Telefon, was das Programm „noch so alles können soll" und welche „kurzfristigen Änderungen" sich an den Schnittstellen ergeben.

d. Was der Auftraggeber wünscht, wird natürlich sofort umgesetzt.

Diese Vorgehensweise mit einem legitimierenden Begriff zu benennen, ist eigentlich trivial. Wie wäre es mit „Extreme Programming"? Klingt modern und unglaublich *„busy"*. Seine Aussagekraft ist enorm hoch. Politisch zum Beispiel: „Unser Projekt ist extrem komplex", „Wir wandern auf dem Grat des Machbaren" (wenn es dabei Verluste gibt, dann war das ja vorherzusehen). Personell: „Unsere Leute sind absolute Profis, an zwei Fingern und in kleinen Teams zum Gipfel." Motivieren: „Endlich mal richtig Hacken."

Klingt „Extreme Programming" aber nicht ein bisschen zu extrem? Kein Problem, wie wäre es mit „Adaptive Software Development", „Feature Driven Development", „Dynamic System Development Method" oder einfach nur „Scrum"? Bei so vielen Möglichkeiten bietet sich an, einen leicht interpretierbaren, wenig abschreckenden und im aktuellen Chaos als rettender Leuchtturm erscheinenden Oberbegriff zu verwenden: „Agile Methoden"! Hiermit ist alles gesagt: Sich geschickt hindurch winden, niemals stehen bleiben, Hindernissen mit fließenden Bewegungen ausweichen, schnell auf das Ziel zu – asiatische Kampfkunst für Leute mit üblicherweise ausgeprägtem Hang zum Sitzen.

Sehen wir uns einmal die Leitsätze des so genannten „Agilen Manifests" an, zitiert von der offiziellen Homepage der *Agile Alliance Organisation.*

a. Individuals and interactions over processes and tools.

b. Working software over comprehensive documentation.

c. Customer collaboration over contract negotiation.

d. Responding to change over following a plan.

Vergleichen Sie jetzt bitte diese Punkte Schritt für Schritt mit vorheriger Aufzählung – ich warte so lange.

Ist das nicht wundervoll? Passt haargenau. Ein neuer Begriff, motivierend, hochgradig werbewirksam, per Definition die Lösung aller

Probleme *und keiner muss etwas ändern*! Weitere Überzeugungen dieser Kategorie sind übrigens auch: Störche bringen Kinder und die Erde ist eine Scheibe.

Entschuldigen Sie, wenn ich Sie soeben wieder unsanft landen ließ. Vielleicht hat aber jetzt nachfolgender Satz die von mir gewünschte Wirkung: Werden Sie extrem hellhörig, wenn man Ihnen sagt (egal von welcher Seite), *das Projekt „müsse agil" entwickelt werden*. Meiner Erfahrung nach lautet die Übersetzung: „Wir haben keine genaue Vorstellung und fangen einfach mal an. Wenn's Probleme gibt, machen wir's halt anders." Stellen Sie in einem solchen Fall unbedingt sicher, dass alle am Projekt Beteiligten die Prinzipien der zu verwendenden agilen Methode tatsächlich verstanden haben und dass diese Methode im aktuellen Fall überhaupt praktisch angewendet werden kann. Andernfalls stehen Sie am Ende des Projekts ohne Spezifikationen und ohne Dokumentation dessen da, was die Entwickler über mehrere Monate hinweg getan haben. Das Wissen, wie das (zugegebenermaßen wahrscheinlich) laufende Stück Software funktioniert, geändert oder erweitert werden kann, befindet sich verteilt in den Köpfen einer kleinen Gruppe von Entwicklern, aus welcher die Schlüsselpersonen demnächst aus Ihrem Team abgezogen werden, denn sie sind nun mal „die Besten".

Warum ich allen Unkenrufen zum Trotz XP dennoch als eine wirklich nützliche Errungenschaft der Informatik sehe, lesen Sie später im Abschnitt „Art des Projekts und eine Lanze für XP".

## Wellenreiten

Der Auslöser zur Entwicklung agiler Methoden war und ist sicher die Tatsache, dass sich sowohl Ziele als auch Anforderungen in Projekten *schnell* und mit *erheblichen Auswirkungen* ändern können. Dieses Phänomen ist branchenübergreifend bereits seit vielen Jahren unter dem Begriff „moving targets" bekannt. Trotzdem wurde lange Zeit der Fehler begangen, diese in unserer Gesellschaft verankerte kontinuierliche Veränderung wegdiskutieren oder einfach verbieten zu wollen. Heute wissen wir, dass jedes Softwareentwicklungsmodell, das mit *abgeschlossenen* Phasen hantiert („nach der Absegnung der Anforderungen/des Designs/des Systementwurfs ... darf nichts mehr geändert werden"), meist erhebliche Probleme nach sich zieht. Dieser Absolutismus widerspricht dem kontinuierlichen Wandel unserer Welt, in der Projekte (welche auch immer) einen sich mit der Umgebung bewegenden Teil darstellen. Und diese Bewegung ist nun einmal nur bis zu einem gewissen Grad vorhersehbar. *Je länger ein Projekt läuft, je politischer motiviert es ist und je mehr Leute dabei mitsprechen, desto besser muss das Projektmanagement auf Veränderungen reagieren können.* Vor diesem Hintergrund ist die Entwicklung agiler Methoden ein echter Segen, denn deren Kernaspekt ist die *Bewältigung von Veränderung* (siehe Referenzen unter den Literaturangaben).

Alle oben erwähnten agilen Methoden haben jedoch wie jede andere Methode auch *ganz klare Voraussetzungen und Regeln, ohne die sie nicht funktionieren.*

Betrachten Sie beispielsweise die offizielle Erklärung zu Extreme Programming (Zitat, [XP Homepage]): „XP improves a software project in four essential ways; communication, simplicity, feedback, and courage. XP programmers *communicate with their customers and fellow programmers. They keep their design simple and clean. They get feedback by testing their software starting on day one. They deliver the system to the customers as early as possible and implement changes as suggested.* With this foundation XP programmers are able to courageously respond to changing requirements and technology."

Dass die Entwickler mit Kunden und anderen Beteiligten kommunizieren, einfach und klar strukturiert entwickeln, kontinuierlich testen, das System fortwährend verändern/verbessern und dabei regelmäßig neue Versionen in den praktischen Betrieb überführen, hört sich zwingend logisch an.

So, jetzt brauchen Sie nur noch Kunden, die mit Ihren Entwicklern kommunizieren wollen und können (und vice versa) und sich nicht auf den Standpunkt stellen „Wir erwarten von Ihnen zügig Ergebnisse – (wenn aber jemand was fragt, sind wir nicht greifbar)". Sie brauchen Entwickler, die „coole neue Features, Tools und Funktionen" nicht mit Design und Struktur verwechseln. Sie brauchen Mitarbeiter, die den Unterschied zwischen „ausprobieren" und „systematisch testen" kennen. Sie brauchen Leute, die trotz „kleiner dyadischer Teams" den Überblick haben, denn dass Module *in sich* funktionieren, bedeutet noch lange nicht, dass sie auch *in Kombination* das gewünschte Ergebnis liefern. Schließlich brauchen Sie noch ein Umfeld, in dem Sie kontinuierlich etwas installieren und verändern dürfen, oder zumindest Personen auf Kundenseite, die das für Sie übernehmen. Haben Sie so etwas schon einmal erlebt? Wenn ja, dann bin ich wirklich neidisch, wenn nein, dann sollten Sie:

a. Wert darauf legen, tatsächlich *die richtigen Sachen* zu entwickeln (Requirements Engineering), mit den richtigen Leuten zu sprechen (den tatsächlichen Anwendern und Stakeholdern) und *einen kontinuierlichen Dialog zwischen allen Beteiligten* zu fördern;

b. sich *nicht „zu Tode spezifizieren"*, an Bilder, Tabellen und Grafiken herumfeilen, sondern *möglichst schnell und trotzdem strukturiert mit der Entwicklung anfangen* und zwar mit den Dingen, die am ehesten benötigt werden, um das System verwenden und im praktischen Betrieb testen zu können;

c. sich an offizielle Vereinbarungen halten, um *nicht in juristische Fallen* zu treten, ohne dabei das Projekt *durch Bürokratisierung zu behindern*;

d. nicht *„im stillen Kämmerlein"* alle Phasen abschließen, um dann festzustellen, dass sich alles andere zwischenzeitlich ohne Ihr Wissen geändert hat, sondern notwendige *Plan-, Ziel- oder Wegeanpassungen frühzeitig erkennen und umsetzen* (durch ständige Kommunikation mit allen Beteiligten).

So interpretiert, denke ich, sind die Grundregeln des agilen Manifests in jedem IT-Projekt gewinnbringend einsetzbar, ohne über ausschließlich XP-Gurus, Senior Software Engineers und hochgradig aufgeschlossene Kunden verfügen zu müssen.

Die Welle der agilen Softwareentwicklung hat uns mit ihren inkrementellen und iterativen Vorgehensweisen von den Fesseln der starren, prozessorientierten Softwareentwicklung befreit. Auf ihr zu reiten, ist sicher nicht leicht. Wer dies beherrscht, ohne unterzugehen, hat beste Chancen, Software zur Zufriedenheit der Anwender, schneller und qualitativ hochwertiger zu entwickeln. Immer vorausgesetzt, das Umfeld passt zu den Methoden, und die Beteiligten beherrschen diese. Das herauszufinden und sicherzustellen, ist eine Projektmanagement-Aufgabe.

Lassen Sie mich in den folgenden Abschnitten näher auf die Inhalte der im vorgenannten Projektablaufmodell dargestellten Phasen eingehen.

# Richtig schätzen

Ich höre oft von Projektleitern: „Wie soll ich denn den Aufwand schätzen, wenn ich noch gar nicht weiß, wie lange es dauert?" Selbstverständlich gibt es eine Reihe von Methoden, um den Aufwand in Softwareprojekten abschätzen oder besser gesagt hochrechnen zu können. Nachteilig an solchen Methoden ist, dass sie nur funktionieren, wenn das gesamte Umfeld zu dieser Methode passt. Meist ist dies nicht der Fall.

Eine Voraussetzung für die Abschätzung des Aufwands ist die Bekanntheit aller Anforderungen zu Projektbeginn. Üblicherweise werden Anforderungen aber sehr vage und unvollständig formuliert. Steht in einer Ausschreibung „Die Liste aller Kontendaten soll angezeigt werden", so ist das aus Anwendersicht sicher ein korrekt formuliertes Bedürfnis. Um aus den „Anforderungen" des Auftraggebers genaue Anforderungen für die Systementwicklung abzuleiten, lassen sich so genannte Requirements-Engineering-Methoden anwenden. Warum dies notwendig ist, soll anhand der oben genannten Anforderung „Die Liste aller Kontendaten soll angezeigt werden" kurz erläutert werden. Folgende Fragen ergeben sich unmittelbar:

- Welche Kontendaten sollen angezeigt werden (Kundenname, Kontonummer, Kreditinformation etc.)?
- Sollen die Daten eingeschränkt werden können? Nach welchen Kriterien? Wie sollen die Kriterien ausgewählt werden können?
- Wie sollen die Daten sortiert werden? Wie sollen die Sortiermöglichkeiten auf der Benutzeroberfläche dargestellt werden?
- Sollen bei einem Ausdruck Zwischensummen ausgegeben werden? Welche zusätzlichen Daten (Seitenzahlen, Datum, Kopf- und Fußzeilen) sollen auf den Ausdrucken erscheinen? Wie sollen die Druckformulare editiert werden können?
- Welche Benutzer des Systems gibt es?
- Welche Benutzer sollen welche Funktionen ausführen dürfen und welche Daten sehen können?
- Wie werden die Benutzer verwaltet? Soll die Benutzerverwaltung des DB-Systems oder des hauseigenen Host-Systems verwendet werden?
- Gibt es eine Zuordnung zwischen Benutzern und Konten?
- Etc.

Wer solche Fragen nicht im Vorfeld klärt, wird mit Sicherheit am Ende des Projekts mit Aussagen wie „Das habe ich mir aber anders vorgestellt!" konfrontiert. Faktisch bedeutet dies: Der Auftraggeber ist unzufrieden. Es muss nachgearbeitet werden, und es entstehen Kosten auf beiden Seiten. Leider wird dies oft zu spät kommuniziert. „Sind Sie denn immer noch mit dem Projekt X beschäftigt? Ich dachte, das ist längst abgeschlossen. Ich hoffe, diese ganze Zeit wird von Ihrem Kunden auch bezahlt!" Dies ist übrigens der Zeitpunkt, an dem jeder Euro in Ihrem Geldbeutel anfängt, seine Sachen zu packen, um auszuwandern.

Zu erklären, wie Requirements Engineering korrekt betrieben wird, würde den Rahmen dieses Buchs bei weitem sprengen. Folgende einfache Methode bietet aber bereits gute Hilfestellung: Überlegen Sie, wie die gestellten Anforderungen realisiert werden können und welche *logischen Verbindungen und Konsequenzen* aus IT-Sicht daraus folgen. Die entsprechenden Fragen ergeben sich dabei meist automatisch. Eine weitaus professionellere Übersicht über das gesamte Thema Requirements Engineering finden Sie bei Klaus Pohl (2008).

Die Aufgabe beim Schätzen liegt nicht darin, Function-Point-Analysen zu erlernen, sondern ein fundamentales Verständnis dafür zu entwickeln, was es bedeutet, wenn Menschen mit unterschiedlichen Interessen, unterschiedlichen Kenntnissen und unterschiedlichen persönlichen Zielen an einer fast immer zu ungenau definierten Aufgabe gemeinsam arbeiten sollen. Hier zählt einfach Erfahrung – und Erfahrung fällt nicht vom Himmel. Was tun als junger Projektmanager ohne Erfahrung? Unbedingt zu vermeiden ist das Abgeben von Prognosen aus dem Bauch heraus, mit der Hoffnung, es würden sich später alle an den aufgestellten Plan halten. Dies passiert leider allzu oft. Dabei werden für „kleine Oberflächen" x Tage und für „Oberflächen mit mehr Knöpfen" y Tage veranschlagt. Ebenso fahrlässig ist das „Wegdiskutieren-Lassen" von geschätztem Aufwand, ohne *gleichzeitig* den Leistungsumfang zu reduzieren: „Diese eine Bildschirmmaske kann doch nicht so lange dauern!", „Was wollen Sie denn hier fünf Tage lang designen?", „Wenn die Reviews so lange dauern, verzichten wir darauf".

Bei der Definition eines Projekts hatte ich bereits erwähnt, dass letztendlich Sie selbst entscheiden müssen, wie viel Projektmanagement-Aufwand, Methoden und Tools für ein Projekt sinnvoll sind. Die Kunst dabei ist es, ein gesundes Mittelmaß zu finden. Es macht keinen Sinn, bei jeder neu zu entwickelnden Schnittstelle eine vermeintlich hochgradige Komplexität anzunehmen, wenn es dafür keine offensichtlichen Indizien gibt. Genauso wenig ist es sinnvoll, über Undefiniertes mit Aussagen wie „Das ist doch nur eine kleine Funktion" hinwegzusehen. Für das gesunde Mittelmaß werden Erfahrung und der Blick für das Ganze benötigt. Wer keine Erfahrung hat, muss sie sich *rechtzeitig bei Profis kaufen*. Wenn Sie keine Profis in Ihrem Projektteam haben, suchen Sie sich unbedingt „externe" (nicht notwendigerweise wirklich externe) kompetente Ansprechpartner – am besten jemanden, dessen Arbeitsstil und Ergebnisse Sie bereits seit langem kennen.

## Teilaufgaben identifizieren

„Eine Schnittstelle" des Systems A zu System B zu entwickeln, ist sicherlich nicht einfach zu schätzen. In der Praxis kommen solche Anfragen jedoch oft vor. „Was würde uns denn eine Schnittstelle von ‚People Soft' zu unserem ‚Easy Invoice' kosten?" In den eigenen Reihen entstehen die unterschiedlichsten Aussagen wie „Das machen wir schnell, da müssen doch nur die Daten von A nach B geschaufelt werden" bis hin zu „Das ist ganz schön komplex, das dauert mindestens acht Wochen". Der Auftraggeber wird eventuell zusätzlich feststellen: „So etwas haben wir früher auch schon mal programmiert. Bei uns hat das nur drei Tage gedauert." Was nun?

Einer der wesentlichen Aspekte bei der Projektplanung ist das Erkennen von Teilaufgaben. *„Divide and conquer"*, teile und herrsche, ist ein altbekanntes Prinzip. Falsch verstanden hilft dieses Prinzip aber nicht weiter, wie folgendes (schlechtes) Beispiel von „Teilaufgaben" zeigt:

* Projektmanagement,
* Schnittstellenprogrammierung.

Eine solch grobe Aufteilung erleichtert die Schätzung keinesfalls. An der Fähigkeit, den Weg zu einem Ziel in Teilaufgaben zerlegen und diese einzeln bewerten zu können, erkennen Sie Profis. Bei folgendem Beispiel werden die Beteiligten durch die Abarbeitung der einzelnen Teilaufgaben praktisch zum Ziel geführt. Gleichzeitig wird die Aufwandsschätzung für das Gesamtvorhaben wesentlich vereinfacht:

* Projekt- und Qualitätsmanagement,
* Erstellen einer Anforderungsspezifikation,
* Erstellen eines Systemdesigns,
* Erstellen einer Testspezifikation,
* Aufbau der Testumgebung,
* Implementierung der Schnittstelle,
* Integration und Test,
* Erstellen einer Systemdokumentation,
* Lieferung und Abnahme.

Tatsächlich fallen diese Tätigkeiten bei IT-Projekten an, auch wenn sie nicht explizit erwähnt werden. Ich kenne Projekte, in denen der überwiegende Aufwand damit verbracht wurde, Test-Clients zu entwickeln, obwohl diese weder im Angebot noch im Projektplan vermerkt waren. Wenn jedoch in einem Projekt ein Aufwand entsteht, der zuvor nicht bekannt und explizit festgelegt war, wie kann dann die Planung korrekt sein, und wohin soll der „außerplanmäßige" Aufwand verbucht werden?

Das Ziel dieses Schritts ist es, die Gesamtaufgabe in so genannte *Leistungspakete* (oder *Arbeitspakete*) zu unterteilen. Ein Leistungspaket ist etwas, was als Teil der Gesamtaufgabe in einem genau überschaubaren Umfang abgewickelt werden kann. Damit ist ein solches Leistungspaket (kurz LP) vom Umfang her auch schätzbar. Wenn der Umfang eines LPs nicht offensichtlich klar (abzählbare Anzahl an Stunden) oder „schwer zu schätzen" ist, ist vermutlich das Leistungspaket falsch definiert. In einem solchen Fall ist es notwendig, den Inhalt des Pakets zu hinterfragen, ihn neu zu formulieren und/oder die Aufgabe(n) in weitere Pakete zu zerteilen.

## Budgetieren

Sind alle voraussichtlich anfallenden Tätigkeiten identifiziert, so müssen dafür Kosten angegeben werden. Diese berechnen sich aus:

- „geschätzten Stunden × Stundensatz" für Leistungen, deren Aufwand nur geschätzt werden kann, wie die Implementierung einer noch zu spezifizierenden Schnittstelle;
- tatsächlich entstehenden Kosten, wie Reisekosten (Flug, Hotel, Spesen, km-Geld etc.);
- „Kosten für Fremdleistung × Faktor x" für im Rahmen des Projekts eingekaufte Leistungen von Dritten, wie grafische Entwürfe für Web-Oberflächen.

Jeder dieser Posten stellt ein so genanntes *Budgetkonto* dar. Es ist sozusagen ein kostentechnischer Repräsentant einer spezifischen Teilaufgabe oder einer Kosten- oder Tätigkeitsart (z. B. Reisekosten). Diese Budgetkonten sind es, auf die später von den Mitarbeitern über ein Zeiterfassungssystem die Zeiten „gebucht" werden, die sie für die jeweilige Tätigkeit aufgewendet haben. Eine Liste mit Budgetkonten stellt obige Aufzählung von „Projekt- und Qualitätsmanagement" bis hin zu „Lieferung und Abnahme" dar.

Auch hier schlägt sich wieder der Vorteil „vollständiger Sätze" nieder. Was wäre „Anforderungsspezifikation" für ein Budgetkonto? Soll hier das Erstellen eines Dokuments, Abstimmungsmeetings und das Abarbeiten von Change Requests berücksichtigt werden? Wie viel Aufwand wird diese „Teilaufgabe" erzeugen? Es lässt sich nicht schätzen, weil überhaupt nicht erkennbar ist, *welche Tätigkeit* diese Aufgabe umfasst. „Das Erstellen ..." ist dagegen eine bestimmbare Tätigkeit

mit einem impliziten Ziel (nämlich einer fertigen Anforderungsspezifikation).

Bei Schätzungen bietet sich grundsätzlich an, das gewünschte
Ergebnis und die dafür notwendige Tätigkeit genau zu benennen.
Der Umfang einer Teilaufgabe ist dabei (fast) immer durch genau
eine „Tätigkeitsart" abgrenzbar und damit auch leicht schätzbar. Das
Erstellen einer Spezifikation und anschließende Reviews sind zwei
voneinander in der Realität tatsächlich getrennte Tätigkeiten. Deshalb
gibt es hierfür auch zwei unterschiedliche Budgetkonten, nämlich a)
„Erstellen einer ... Spezifikation" und z. B. b) „Qualitätsmanagement".
Vorteilhaft ist hier die exakte Trennbarkeit der einzelnen Tätigkeiten,
wodurch sie *im Umfang* leichter *bestimmbar* und *planbar* werden.

Wenn Sie sehr viele verschiedene Tätigkeiten identifiziert haben,
kann es sinnvoll sein, die zugeordneten Konten zu verallgemeinern
und einige zusammenzufassen. Es ist unpraktikabel, jedes für ein
spezifisches Dokument notwendige Review als einzelnes Budgetkonto zu führen. Im obigen Beispiel wurden alle geplanten Reviews
bereits unter dem Konto „Qualitätsmanagement" zusammengefasst.
Dies hat folgenden Hintergrund: Erstens werden die Entwickler aller
Erfahrung nach ihre Zeiten nicht genau den Konten zuordnen, für
dessen Tätigkeit sie tatsächlich gearbeitet haben, denn Entwickler
wollen primär entwickeln und nicht Zeiten erfassen. (Wie viel Ent-
wicklungszeit soll auf Entwicklung des Moduls X gebucht werden und
wie viel auf Konfigurationsmanagement, wenn das Modul dreimal am
Tag verbessert und ein- und ausgecheckt werden muss, damit die
Kollegen weiterarbeiten können?) Zweitens sind Schätzungen immer
„Aus-dem-Bauch-Gefühle" für Tätigkeiten „als Ganzes". Wie lange es
dauert, eine bestimmte Systemkomponente zu entwickeln, wird von
Fachleuten mit gleicher Erfahrung meist ziemlich ähnlich geschätzt.
Wie lange die in diesem Zusammenhang notwendigen Teilentwick-
lungen dauern, wird von denselben Personen dagegen bereits oft sehr
unterschiedlich bewertet.

Zusammengefasste Budgetkonten bieten den notwendigen Spielraum, Lösungswege gegenüber der anfänglichen Planung variieren zu
können. Dieser Freiraum ist unbedingt notwendig, da alles andere
voraussetzen würde, dass jede Tätigkeit im Projekt von Anfang an
exakt bestimmbar ist, was aber per Definition dem Charakter eines
Projekts widerspricht. Die richtige Granularität der Abbildung von
realen Tätigkeiten zu Budgetkonten zu finden, ist eine Kunst für sich.
Allgemeine Budgetkonten lassen im Bedarfsfall nicht mehr erkennen,

wo außerplanmäßige Kosten tatsächlich entstanden sind. Zu spezielle Konten verleiten Entwickler dazu, „irgendwohin" zu buchen. Beides erleichtert ein späteres Controlling nicht unbedingt. Für die Bestimmung der Granularität von Budgetkonten gibt es kein Patentrezept. Dies hängt stark von der Art des Projekts und dem Arbeitsstil der Beteiligten ab. Sinnvoll ist es auf alle Fälle immer, die später beteiligten Entwickler rechtzeitig zu fragen, welche Konten sie für sinnvoll erachten.

Kommen wir auf obige Aufzählung der unterschiedlichen Kostenberechnungen zurück; sind alle Budgetkonten identifiziert, so kann für jede Teilaufgabe und damit auch für das Konto, dem die Aufgabe zugeordnet wurde, der entsprechende Aufwand angegeben werden.

Bei *berechenbaren* Kosten ist dies entsprechend einfach: z.B. „Schulung vor Ort": 6 Stunden × Stundensatz; „An- und Abreise mit Flugzeug": EUR 470,-; „Taxikosten": voraussichtlich EUR 60,-; etc.

*Fremdleistungen* werden je nach Vereinbarung mit dem Auftraggeber entweder 1:1 durchgereicht oder mit einem Aufschlag versehen. Dieser Aufschlag ist natürlich keine Daumenzahl, sondern kaufmännisch kalkuliert. Dies kann auf allen möglichen Faktoren beruhen: von der Zeit, die zur Steuerung der Zulieferer benötigt wird, über Kosten für Integration bis hin zu Risikozuschlägen bei projektkritischen oder technisch komplexen Zulieferungen. Wie Sie es auch immer berechnen, es darf niemals das Risiko bestehen, dass der Projektgewinn durch fehlerhafte oder falsch geplante Zulieferungen aufgezehrt wird.

Der schwierigste Teil ist natürlich das *Schätzen*. Wenn Sie die Gesamtaufgabe aber in logische Stücke zerlegt haben, wie oben beschrieben, so ist bereits die größte Hürde genommen. In den meisten Fällen lassen sich die einzelnen Teilaufgaben in Vergleich zu Tätigkeiten bereits abgeschlossener Projekten stellen, denn in jedem IT-Projekt fallen strukturell ähnliche oder sogar gleiche Aufgaben an: z.B. Projektmanagement, Systemdesign, Datenmodellierung, Qualitäts- und Konfigurationsmanagement, das Erstellen von Benutzerdokumentation etc. Stehen keine solchen Vergleichswerte zur Verfügung, sind Sie auf Ihre eigene Erfahrung oder die Expertise Dritter angewiesen. Was immer hilft, ist „normaler Menschenverstand". Kennen Sie jemanden, der schon einmal *in zwei Tagen* ein vernünftiges Anwenderhandbuch (mit korrektem Deutsch, sauber formatiert, logisch aufgebaut, mit vernünftigen Screenshots etc.) für eine komplexe Software entwickelt hat? Ich nicht, obwohl immer wieder in Projekten Schätzungen folgender Art auftauchen: „Benutzerhandbuch erstellen, 2 Tage." „So etwas zu beschreiben, das darf doch nicht länger dauern ..." Allein das Ausdenken von logischen Beispielen, Eingeben dieser Daten und Erstellen von Screenshots kostet bereits viel Zeit. Ganz zu schweigen vom ständigen Kampf mit der Textverarbeitung, die partout nicht die Grafiken dort belässt, wo sie eingefügt wurden, etc.

Wie es gedreht und gewendet wird, zum Schätzen bedarf es einfach Erfahrung oder zumindest Dritter, die diese Erfahrung mitbringen. Grundsätzlich sollten Sie später beteiligte Personen in den Schätzvorgang mit einbeziehen. Andernfalls kann es zu bösen Überraschungen kommen, wenn ein Entwickler nach Beauftragung des Projekts plötzlich feststellt, dass er für die Teilaufgabe X einen völlig anderen Aufwand geschätzt hätte als Sie selbst. Wer Schätzungen abgibt, die andere später „ausbaden" sollen, muss sich seiner Sache schon wirklich sicher sein.

Eines sollten Sie beim Budgetieren immer beachten: Eine bereits zu Projektbeginn festgelegte 100 %ige Auslastung der Ressourcen führt mit Sicherheit zu Budgetüberzügen. Folgen Sie deshalb dem Motto „Puffer statt Überstunden" und planen Sie genügend Freiraum für die einzelnen Tätigkeiten ein.

**Häufige Fehler beim Budgetieren**

Wenn Sie Vergleiche zwischen vergangenen Projekten und anstehenden neuen Aufgaben ziehen, müssen Sie sich sicher sein, dass die Vergleichswerte tatsächlich stimmen. Es genügt nicht anzunehmen, dass in einem vergangenen Projekt für eine vergleichbare Tätigkeit x Stunden geplant waren und deshalb für das aktuelle Projekt auch x Stunden veranschlagt werden können. Ist dabei auch sicher, dass die ursprünglich geplante Zeit eingehalten wurde? Wenn verglichen wird, sollten immer auch die damals Beteiligten befragt werden, „wie es wirklich war".

Ganz beliebt bei der Projektplanung sind Budgetkonten wie „Abstimmungsmeetings", „Recherche" oder „Einarbeitung". Hüten Sie sich unbedingt vor solchen Kostenlöchern. Nichts gegen Meetings, aber wenn diese bereits als Kosten in einem Plan auftauchen, dann muss eindeutig klar sein, *wie viele* Meetings mit welchem Zeitaufwand geplant sind. Nur wenn diese Information vorliegt, lässt sich im Projektverlauf kontrollieren, ob die Plangrenzen eingehalten werden. Konten wie „Recherche" oder „Einarbeitung" deuten darauf hin, dass der geplante Inhalt völlig unklar ist; wann ist die Einarbeitung abgeschlossen? Wenn eine Woche vorbei ist, wenn drei Bücher gelesen wurden oder wenn der Mitarbeiter sagt „Ich bin eingearbeitet"? Hier sammeln sich üblicherweise die meisten Kosten an, die den geringsten Beitrag zum Projektergebnis liefern (Unterhaltungen mit Kollegen, Surfen im Internet, Ausprobieren von neuen Tools etc.). Wenn eine Einarbeitung tatsächlich nötig ist, dann muss diese auch ein Ziel haben. Nach diesem Ziel sollte das Budgetkonto benannt werden, z. B.„lauffähige Umsetzung des Beispiels X". Das lässt sich schätzen, hat ein Ende und verhindert, dass der Betroffene ins Leere fällt, wie bei „Lesen Sie sich mal ein ...".

Der mit Abstand häufigste Fehler beim Budgetieren ist das „Sich-selbst-Belügen". Annahmen wie „bin ich mir zwar nicht sicher, aber das kriegen wir schon hin" stellen sich meist zu spät als unhaltbar heraus. Auch das Reduzieren von geschätzten Zeiten, ohne gleichzeitig die zugrunde liegenden Leistungen zu reduzieren, weil dem Auftraggeber die Gesamtkosten zu hoch sind, ist finanztechnisches Harakiri. „2 + 2 = 4", und wenn lange genug darüber diskutiert wird, lässt sich auch ein „2 + 2 = 3" daraus machen. Solche mathematischen Kunststücke lassen sich in IT-Projekten leider immer wieder beobachten.

## Ziel der Budgetplanung

Das Ziel der gesamten Budgetplanung ist, die Gesamtkosten des Projekts als eine Zahl zu errechnen. Wie Sie zu diesen Gesamtkosten kommen können, wurde in diesem Abschnitt beschrieben. Was noch passieren kann, ist, dass Sie sich verrechnen oder wichtige Teilaufgaben bei der Planung vergessen. Vor diesem Hintergrund verwende ich seit Jahren erfolgreich ein von mir entwickeltes Kalkulationsschema. Es enthält Positionen, die in allen IT-Projekten immer wieder auftauchen, aber gerne „unter den Tisch gekehrt werden". So z.B. Systemdokumentation, Installations- und Integrationsaufwand oder Benutzerdokumentation. Ein solches Werkzeug liefert nicht nur inhaltliche und formale Vorgaben. Es erlaubt insbesondere „mit den Zahlen zu spielen". Und das müssen Sie beim Schätzen immer – und zwar so lange, bis die Planung insgesamt plausibel erscheint. Als Fachmann wird Ihnen das in einem solchen Schema schnell auffallen. Probieren Sie es aus. Die Vorlage finden Sie im Internet unter [Mangold].

## Risikomanagement

Es ist kein Zufall, dass dieser Abschnitt noch vor der Angebotserstellung kommt, denn wenn Sie die Risiken eines Projekts nicht kennen, sollten Sie die Realisierung auch nicht einfach anbieten.

Bei IT-Projekten lassen sich Risiken grundsätzlich in zwei Gruppen einteilen: die *Projekt-* und die *Produktrisiken*. Projektrisiken stecken in der Durchführung. Mangelhafte oder falsche Informationen zur Aufgabe, falsch eingeschätztes technologisches Know-how der Beteiligten oder organisatorische Dinge, wie z.B. die Kündigung wichtiger Mitarbeiter oder Umorganisationen, können zu erheblichen Problemen führen. Die zweite Gruppe von Risiken betrifft das Projektergebnis selbst. Fehler in einem Flugnavigationssystem können erhebliche Auswirkungen auf das Leben anderer Menschen haben. Fehler in Massenartikeln wie Handys oder Motorsteuerungen können wieder ganz andere Auswirkungen nach sich ziehen. Zu lange Entwicklungszeiten können dafür sorgen, dass der Markt sich bis zur Fertigstellung des Projekts in eine andere Richtung bewegt hat als ursprünglich angenommen.

Um solchen Risiken begegnen zu können, müssen sie erst einmal identifiziert werden. Dann lassen sich Vorkehrungen treffen, um diese möglichst gering zu halten oder ganz zu vermeiden. Allein das Beschäftigen mit der Thematik hilft sehr, im Bedarfsfall schnell handeln zu können, ohne völlig überrascht und ohne „Plan B" zusehen zu müssen, wie das Projekt plötzlich zu Fall kommt. Die pragmatischste Methode ist dabei, in einer kleinen Gruppe ein Brainstorming abzuhalten und sich alle potenziellen Risiken auszudenken. Aus dieser Menge an möglichen Risiken wird eine Top-Ten-Liste erstellt. Dafür gibt es zwei Bewertungskriterien: die *Auftrittswahrscheinlichkeit* und die *Auswirkung* eines Risikos. Bewerten Sie alle Risiken nach diesen beiden Kriterien auf einer Skala von 0 bis 100. Je größer der Wert ist, desto größer ist die Wahrscheinlichkeit des Auftretens oder der Auswirkungen eines auftretenden Risikos. Das Produkt aus diesen beiden Werten bildet eine gute Maßzahl, nach der alle Risiken geordnet werden können. Dass ein Meteorit auf uns niederstürzt, ist immer möglich, wenn auch sehr unwahrscheinlich. Die Auswirkungen wären so verheerend, dass wir uns vermutlich keine Sorgen mehr um gutes Softwaredesign machen müssten ($0{,}1 \times 100 = 10$). Dass sich eine komplexe und auf vagen Annahmen basierende Technologieentscheidung später als unpraktikabel herausstellt, kann dagegen bereits viel kritischer sein ($20 \times 70 = 1400$).

Zumindest für die zehn Risiken mit den höchsten Werten muss überlegt werden, durch welche *Präventivmaßnahmen* diese minimierbar sind. Weiterhin muss für jedes dieser Risiken ein *Ausweichplan* festgelegt werden. Ein „das sehen wir dann schon, wenn es so weit ist" ist gerade bei Top-Ten-Risiken unverantwortlich. Eventuell ist es sinnvoll, Risiken und geeignete Gegenmaßnahmen im Vertrag mit dem Auftraggeber festzuhalten. Auch die Möglichkeit von vertraglichen Risikoausschlüssen sollte geprüft werden. Wenn die Benutzeroberfläche eines Produkts über dessen Wohl und Wehe entscheiden kann, der Auftraggeber eine entsprechende Vorstudie oder Marktprüfung aber nicht wünscht, so sollte auf dieses Risiko im Auftrag explizit hingewiesen und ein Risikoausschluss vereinbart werden.

Grundsätzlich gibt es keine Projekte ohne Risiken. Ziel ist es deshalb nicht, alle möglichen Risiken vermeiden zu wollen, sondern *die richtigen Risiken zu managen*. Die vermutlich häufigsten Risiken in IT-Projekten finden Sie am Ende des folgenden Abschnitts „Angebot und Vertragsgestaltung". Ein gutes Risikomanagement verhindert, dass Sie unvorbereitet auf Probleme stoßen. Weder auf bekannte, noch auf neue. Bereits das *grundsätzliche Befassen* mit der Materie hilft, im Bedarfsfall schnell und kompetent reagieren zu können. Eine unbedingt lesenswerte Lektüre zu diesem Thema ist *Bärentango* von Tom DeMarco und Timothy Lister.

## Angebot und Vertragsgestaltung

Es gibt zwei Punkte in einem Projekt, bei denen die Meinungen am stärksten auseinandergehen. Am Projektanfang ist der Auftraggeber der Ansicht, es müsste doch alles klar sein, während der Auftragnehmer die Aufgabe für viel zu ungenau definiert hält. Am Ende des Projekts vertritt der Auftragnehmer die Meinung, es sei alles fertig, während dem Auftraggeber plötzlich einfällt, dass dies und das anders hätte sein müssen und dass es „auch so besprochen" war. Damit das nicht passiert, muss bereits das Angebot so formuliert sein, dass solche und andere Risiken minimiert werden. Gleichzeitig muss das Angebot den Auftraggeber davon überzeugen, dass Sie der richtige Lösungspartner für seine Aufgabe sind. Dieser Spagat zwischen formal korrekt und „Werbetext" ist nicht einfach.

*Grundsätzlich ist ein offen und ehrlich formuliertes Angebot, welches Ihr Verständnis der Aufgabe in klaren Worten darlegt, ideal.* Besonders „wissenschaftliche", wichtig klingende oder pseudojuristische Formulierungen führen eher zu Missverständnissen und sind oft abschreckend. Ein Angebot, das alle wichtigen Eckdaten und Regelungen enthält, umfasst mindestens folgende Kapitel:

1. Angebotsumfang
   a. Beschreibung der Aufgabe
   b. Bezugsdokumente
   c. Welche Leistung wird erbracht
   d. Welche Ergebnisse werden am Ende geliefert
2. Rahmenbedingungen
   a. Was umfasst das Angebot nicht
   b. Welche Mitwirkungspflicht hat der Auftraggeber
   c. Besondere Regelungen zur Zusammenarbeit oder zum Projektablauf
   d. In welchem Zeitraum wird das Projekt abgewickelt
3. Kommerzielle Regelungen
   a. Preis
   b. Zahlungsweise
   c. Lieferung und Abnahmeregelung
4. Rechtliche Aspekte

Nachfolgend eine kurze Beschreibung dieser Kapitel.

### 1.a Beschreibung der Aufgabe

Mit dem ersten Kapitel haben Sie die Chance, dem Auftraggeber unmissverständlich darlegen zu können, wie Sie die Aufgabe verstanden haben und in welcher Rolle Sie sich dabei sehen. Was ist das eigentliche Ziel des Auftraggebers: „Die Soundso AG beabsichtigt ...“? Was verstehen Sie unter Ihrer Aufgabe: „Im Rahmen dieser von der Soundso AG durchgeführten Gesamtaufgabe soll <Ihr Unternehmen> die Entwicklung von ... übernehmen ...“?

### 1.b Bezugsdokumente

Hier werden alle Dokumente aufgelistet, auf die im Angebot verwiesen wird. Und zwar so, dass zu einem späteren Zeitpunkt *unmissverständlich* rekapituliert werden kann, welche Dokumente dies waren. Andernfalls erstellen Sie ein Angebot „... auf Basis der Beschreibung ...“, wobei am Ende des Projekts der Auftraggeber ein ganz anderes Dokument herbeizaubert und felsenfest behauptet, dass es genau dieses Dokument ist, welches Ihnen vor Auftragsbeginn zur Verfügung gestellt wurde. Aber dafür haben Sie ja alle Beistellungen ordentlich abgelegt (siehe Abschnitt „Sinnvolle Ablagestrukturen“) und eindeutige Referenzen verwendet.

Eine Referenz auf ein Dokument beinhaltet *immer* folgende Information: Titel, Autor, Version, Herausgeber und Datum der Ausgabe, z. B.: „[1] Activity Charts des Moduls X, H. Meier, Version 1.3, Mangold International GmbH, 12.10.2008."
Der überwiegende Teil aller Dokumentreferenzen besteht dagegen leider aus folgenden Angaben: „C:\ProjektX\Allgemein\ Dokumente\ Spec01.doc." Wodurch lässt sich ein Buch besser identifizieren, durch die Angabe „Buchhandlung X, 3. Stock, 2. Regal von links, 3. Fach von oben, 7. Buch von rechts" oder durch „IT-Projektmanagement kompakt, P. Mangold, Erstausgabe, Spektrum Akademischer Verlag 2002"? – So viel zu Dateinamen als Quellenangabe!

## 1.c Welche Leistung wird erbracht

In diesem Kapitel steht die Beschreibung aller Leistungen, die Sie im Rahmen des Projekts ausführen, analysieren, spezifizieren, implementieren etc. Durch dieses Kapitel muss dem Auftraggeber klar werden, was Sie unternehmen, um sein Problem zu lösen. Die Gestaltung dieses Kapitels kann von Projekt zu Projekt stark variieren. Es sollte jedoch niemals auf Details der Realisierung eingehen oder irgendwelche Projektbestandteile diskutieren. Weiterhin muss es von einem Nichttechniker (u. a. dem Kaufmann) verstanden werden können. Zumindest so weit, dass derjenige sich nicht durch angebotene Realisierungsdetails kämpfen muss, um den Gesamtzusammenhang verstehen zu können. Wenn die Notwendigkeit besteht, technische Details in das Angebot einbinden zu müssen, so sollte dies immer als externes Dokument erfolgen, mit einem entsprechenden Verweis auf dieses.
Zum Beispiel: Im Rahmen dieses Angebots werden wir folgende Leistungen erbringen:

- Analyse der Schnittstelle zwischen ...,
- Implementierung einer Lizenzpool-Handling-Komponente, um den in [1], Kap. X spezifizierten Anforderungen gerecht werden zu können,
- etc.

Dieses Kapitel muss so auf die Aufgabenstellung eingehen, dass Ihnen der *Lösungsweg* weitestgehend frei steht. Andernfalls binden Sie sich an Festlegungen, die zu einem Zeitpunkt getroffen wurden, an dem Sie die Details der Realisierung noch gar nicht kennen konnten. Wenn hier steht „Die Poolingkomponente kommuniziert über FTP mit dem Modul X" und sich später herausstellt, dass in der Zielumgebung gar kein FTP erlaubt ist, dann kommen Sie schnell in Bedrängnis. Letztendlich muss hier stehen, *was* das fertige System leisten wird, und nicht, *wie* Sie es realisieren werden.

In diesem Kapitel können auch schlecht planbare Budgetkonten abgesichert werden. Haben Sie für „Meetings" drei Tage à zwei Personen angesetzt oder für „Steuerung des Lieferanten A" insgesamt acht Stunden veranschlagt, so sollten Sie dies auch schriftlich festhalten. Wenn nämlich viel mehr Meetings anfallen, zu deren Teilnahme Sie aufgefordert werden, weil „das in der Leistungsbeschreibung so von Ihnen angeboten wurde", dann haben Sie eine gute Argumentationsgrundlage für die entstehenden Mehrkosten.

### 1.d Welche Ergebnisse werden am Ende geliefert

Wenn es sich um einen *Werksauftrag* handelt, entstehen lt. Gesetz *Ergebnisse*. Für die erfolgreiche Erbringung dieser Ergebnisse werden Sie vom Auftraggeber bezahlt. Anders beim *Dienstleistungsvertrag* (typischerweise Beratungsaufträge): Hier sind Sie nur „Bemühen schuldig". Es entstehen keine Liefergegenstände. Wenn Sie aber konkrete Ergebnisse erbringen, was bei Entwicklungsprojekten immer der Fall ist, so müssen diese auch als *Liefergegenstände* aufgelistet werden:

▓ Ein UML-Spezifikationsdokument für die Schnittstelle X, geliefert als Together-8.0-Dateien,
▓ Software –Source Code der Lizenzpool-Handling-Komponente, geliefert als Microsoft-8.0-C++-Dateien,
▓ etc.

Dieses Kapitel interessiert den Kaufmann: Sobald er eine Rechnung von Ihnen erhält, möchte er wissen, welche Leistung in Form konkreter Liefergegenstände er dafür erhält. Auch wenn das oft in einem laufenden Projekt niemanden so richtig interessiert und Zwischenrechnungen anstandslos bezahlt werden, so zeigt die Praxis, dass zu wesentlich späteren Zeitpunkten die Aushändigung ursprünglich vereinbarter Liefergegenstände häufig nachgefordert wird. Dies betrifft besonders System- und Benutzerdokumentationen. Diese werden eingangs vollmundig versprochen, aber selten konsequent erstellt. Nach der Abnahme sind alle froh, „es hinter sich" zu haben, bis Monate später der Auftraggeber diese Dokumentation nachfordert. Dann müssen Sie sich wieder durch Ihre eigene Entwicklung wühlen. Viel Erfolg, wenn der damalige Chefentwickler nun zu 100 % mit einer anderen Aufgabe beschäftigt ist oder zwischenzeitlich gar gekündigt hat. Für jeden Liefergegenstand muss später anhand eines offiziellen Lieferscheins nachvollziehbar sein, dass und wann dieser Gegenstand geliefert wurde. Dazu muss vom Kunden die schriftliche Bestätigung des Erhalts eingeholt werden.

## 2.a Was umfasst das Angebot nicht

Es ist ebenso wichtig, möglichst genau darzulegen, was durch das Angebot nicht abgedeckt ist. So gehen bei einer Datenbankentwicklung nicht unbedingt Lizenzen des verwendeten Datenbankmanagement-Systems auf den Kunden über. Auch die Integration des Entwicklungsergebnisses beim Auftraggeber kann ausgeschlossen sein. Zu diesem Aspekt werden Ihnen sicher einige Punkte einfallen, die es wert sind, im Angebot erwähnt zu werden. Sinn dabei ist, möglichst alle Annahmen, *die der Auftraggeber implizit treffen könnte*, auszuschließen. „Selbstverständlich sind wir davon ausgegangen, dass Sie das System auch bei uns installieren..."

## 2.b Welche Mitwirkungspflicht hat der Auftraggeber

Wie bereits an anderer Stelle in diesem Buch erwähnt, sollten Sie im Rahmen eines Entwicklungsprojekts so wenig Verantwortung wie nötig und möglich auf sich nehmen. Dies ist im Sinne des Projekts für beide Seiten sinnvoll. In jedem Projekt hat der Auftraggeber ein Mitwirkungsrecht, aber auch eine *Mitwirkungspflicht*. Dem Auftraggeber muss klar sein, welche Rolle und Aufgaben er im Projekt übernehmen muss, damit dieses erfolgreich verlaufen kann. Solche Mitwirkungsvereinbarungen können wie folgt aussehen: „Die Soundso AG stellt alle notwendigen Informationen und Dokumente kostenlos und frühzeitig zur Verfügung und wird gemeinsam mit <Ihr Unternehmen> alles Notwendige unternehmen, das Projekt gemeinsam erfolgreich abschließen zu können." Oder: „Die Soundso AG übernimmt nach der Installation des Systems durch <Ihr Unternehmen> den vollständigen Betrieb. Weiterhin übernimmt sie alle Schulungstätigkeiten, um die Mitarbeiter auf das neue System zu trainieren." Oder: „Da die Entwicklung auf den Systemen der Soundso AG stattfindet und keine Daten außer Haus transportiert werden dürfen, übernimmt die Soundso AG die volle Verantwortung für die tägliche Datensicherung der Systeme und damit der Projektergebnisse."

## 2.c Besondere Regelungen zur Zusammenarbeit oder zum Projektablauf

Hier können Bestimmungen über eventuelle gemeinsame Ablaufvereinbarungen oder Formalien festgehalten werden: wöchentliche Statusberichte, monatliche Managementmeetings, Dokumentation nach Standard xyz, an welchen Orten die Realisierung durchgeführt wird, etc.

Achten Sie unbedingt darauf, dass auf beiden Seiten ausschließlich *eine* Person als verantwortlicher Ansprechpartner festgelegt ist. Andernfalls laufen Sie Gefahr, trotz eines kontinuierlichen Dialogs das Falsche zu entwickeln. Ist dies nicht geregelt, so kann es leicht passieren, dass Sie von der Erledigung einer Aufgabe ausgehen, um dann später vom Betroffenen zu hören, dass er es anders gemacht hat, weil „irgendjemand vom Kunden" ihn direkt angerufen und gebeten hat, es zu ändern. An diese eindeutige Regelung müssen sich natürlich alle Projektmitglieder halten. Dies sicherzustellen, ist ebenfalls eine Projektmanagement-Aufgabe.

## 2.d In welchem Zeitraum wird das Projekt abgewickelt

Sowohl für den Kunden als auch für Sie muss klar sein, in welchem Zeitraum das Projekt realisiert werden kann. Das kann für ein Projekt von drei Monaten Laufzeit bedeuten, dass „die Leistung im Zeitraum vom 15. Januar 2008 bis zum 30. Mai 2008 erbracht werden kann". Damit machen Sie dem Auftraggeber das Zugeständnis, die notwendigen Ressourcen in diesem Zeitraum vorzuhalten. Oft ist es der Fall, dass der Auftraggeber bestimmte Termine vorgibt. Diese können hier nochmals bestätigt werden. Wenn dagegen, Ihrer Meinung nach, die Termine nicht haltbar sind, so muss dies durch den Vorschlag eines alternativen Terminplans mit entsprechenden Begründungen festgehalten werden.

## 3.a Preis

Am meisten diskutiert wird bei Angeboten das Thema Preis- und Kalkulationsangabe. Hier gibt es zwei grundsätzliche Anschauungen: Eine Fraktion ist der Meinung, die gesamte Kalkulation müsste offengelegt werden, denn „der Auftraggeber verlangt das so". Andere dagegen vertreten die Ansicht, die Angabe einer Endsumme würde genügen. Auch ich bin aus folgenden Gründen dieser Meinung: Grundsätzlich ist es Ihr Geschäftsgeheimnis, wie Sie zu den Gesamtkosten kommen. Eventuell sind hier Ausbildungskosten, Risikozuschläge oder Pufferzeiten enthalten. Weit wichtiger aber ist, dass Sie sich in einem Gestrüpp von Diskussionen wiederfinden, wenn der Auftraggeber sieht, dass für „Installation CORBA Umgebung", „Spezifikation Datenkonfiguration" oder „Systemdokumentation" jeweils x Tage veranschlagt sind, wobei er der Auffassung ist, „dass das alles viel weniger Aufwand erzeugen würde". Jetzt geht die Feilscherei um einzelne Stunden los, „denn eine Stunde kostet immerhin 120 Euro". Das ist natürlich nicht nur für Sie fatal, sondern auch unsinnig aus Sicht des Auftraggebers. Schließlich hat er Sie beauftragt, aufgrund Ihrer Erfahrung zu sagen, was es kostet und wie lange es dauert. Mit solchen Diskussionen wird Ihre ganze ursprünglich plausible Kalkulation zerpflückt. Letztendlich zum Nachteil des Auftraggebers, denn jetzt wird an etwas „herumgebastelt", was zuvor ganzheitlich angelegt war.

Zu diesem Verlangen von Auftraggebern kommt es, weil die häufigste Angebotsform immer noch folgende ist: „Wir entwickeln für Sie eine Kundendatenverwaltung. Dafür berechnen wir Ihnen EUR 15 000,-. Über Ihren Auftrag würden wir uns freuen. Mit freundlichen Grüßen ..." In solchen Fällen ist es natürlich verständlich, dass Auftraggeber wissen möchten, wie sich der Preis zusammensetzt. Da diese Angebotsform weit verbreitet ist, haben viele Auftraggeber die Grundhaltung angenommen, dass in jedem Angebot die Kalkulation aller Leistungen offengelegt werden muss. Würden Sie anfangen, einen Heilplan mit Ihrem Zahnarzt zu diskutieren und darauf zu drängen, die Füllung lieber einschichtig zu machen und das Härten zu unterlassen, damit es etwas günstiger wird? Außerdem könnte das Schleifen gespart werden, denn „das beißt sich ja ohnehin ein"... Vermutlich würden Sie über grundsätzliche Alternativen diskutieren, aber nicht über Details, denn Sie vertrauen der Fachkenntnis des Zahnarztes und verstehen die Materie nicht oder nicht so gut wie er. Mit einem Einzeilerangebot, wie oben geschildert, können Sie keine Fachkompetenz demonstrieren. Aus diesem Grund ist das erste Kapitel eines Angebots so wichtig. Der Auftraggeber muss bereits nach den ersten Sätzen überzeugt davon sein, dass Sie sein Problem verstanden haben und es für ihn lösen werden. Dann ist für ihn nur noch der Gesamtpreis interessant.

Bei besonders umfangreichen Angeboten kann das Zustandekommen des Endpreises auch durch die Kosten einzelner umfangreicher Pakete beschrieben werden (z. B. Schulung, komplizierte Datenaufbereitungen oder Installationsarbeiten). Um eventuellen Fragen vorzugreifen, kann jedes Paket auch durch eine *informelle* Liste an Leistungen ergänzt werden – ohne die Anzahl geplanter Stunden für jede dieser Leistungen zu nennen. Das Ganze sieht dann wie folgt aus:

Gesamtpreis der Leistung gemäß Kapitel 1.c: EUR 125 000,-
Zur Information: Dieser Preis setzt sich wie folgt zusammen:
Entwicklung Modul X: EUR 35 000,-
- Erstellen einer Analyse ...

- Erstellen einer Spezifikation ...
- Implementierung des Moduls
- Durchführung Modultests
- etc.

▓ Schulung: EUR 12 000,-
- Erstellung Schulungsunterlagen
- Einrichtung einer Testinstallation für jeden Schulungsteilnehmer
- etc.

Auch Erklärungen können ihr Übriges dazu beitragen: „Die Entwicklung dieses Moduls ist aufgrund von ... besonders aufwendig, wodurch sich ein vergleichsweise hoher Preis ergibt."

Grundsätzliches Ziel ist es, mit dem Angebot eine „offensichtlich professionelle Gesamtleistung" zu präsentieren, das Detaildiskussionen standhält. Wenn hier etwas verschleiert werden soll, werden die Beteiligten dies ohnehin schnell merken.

## 3.b Zahlungsweise

Durch einen Auftrag 500 000 Euro zu verdienen, welche aber erst am Ende des Projekts in einem Jahr bezahlt werden, nützt nichts, wenn Sie zwischenzeitlich aufgrund von Kapitalmangel insolvent werden. Deshalb ist es wichtig, so früh wie möglich so viel Geld wie möglich im Rahmen des Projekts umzusetzen. Dies muss natürlich gegenüber dem Auftraggeber fair und korrekt sein. Das Abrechnen nach *Zahlungsmeilensteinen* hat sich als besonders geeignet erwiesen, da hier die tatsächlich erbrachte Leistung abgerechnet oder eine noch zu erbringende Leistung finanziert wird. Die Gesamtkosten des Projekts werden so aufgeteilt, dass sie dem Umfang und/oder der Bedeutung eines Zahlungsmeilensteins angemessen erscheinen. Dabei kann sich folgende Zahlungsvereinbarung ergeben:

| Die Zahlung erfolgt nach folgenden Zahlungsmeilensteinen: | | |
|---|---|---|
| **Nr.** | **Beschreibung** | **Betrag EUR** |
| 1 | bei Auftragserteilung | 8 000,- |
| 2 | bei Lieferung des Systemdesigns | 14 000,- |
| 8 | bei Installation des Prototyps | 45 000,- |
| 10 | bei Endabnahme | 10 000,- |

Meilenstein 2 könnte dabei eine besonders umfangreiche Leistung repräsentieren, Meilenstein 8 eine besonders wichtige. Es ist stark von der Art des Projekts und der Form der geplanten Zusammenarbeit abhängig, wie diese Zahlungsmeilensteine aussehen können. In jedem Fall muss leicht nachvollziehbar sein, welche Leistung tatsächlich abgerechnet wird.

### 3.c Lieferung und Abnahmeregelung

In jedem Vertrag muss festgehalten werden, wann das Projekt tatsächlich *vollständig abgeschlossen* ist. Dies ist schon allein aus wirtschaftlichen Gründen unabdingbar. Andernfalls schwebt über dem Auftragnehmer die ständige Gefahr, dass der Auftraggeber weitere Forderungen oder Änderungswünsche stellt, wenn das Projekt nie als offiziell beendet deklariert wurde. Definieren Sie deshalb hier Regeln, nach welchen das Projekt abgenommen wird und wann dieses als abgeschlossen gilt. Wie bei der Zahlungsweise gilt auch hier, dass alle Teilergebnisse möglichst frühzeitig abgenommen werden sollten. So vermeiden Sie einen großen Abnahmeaufwand am Ende des Projekts. Insbesondere minimieren Sie damit Risiken: Vielleicht sind am Ende des Projekts die Personen nicht mehr da, mit welchen Sie die ursprünglichen Vereinbarungen getroffen haben. Wer möchte schon ein übernommenes Projekt abnehmen, „ohne sich das zuvor alles genau anzusehen"? Deshalb muss auch geregelt sein, was passiert, wenn der Auftraggeber die Abnahme verweigert oder verzögert.

Eine Regelung könnte wie folgt aussehen: „Alle Ergebnisse oder Teilergebnisse werden nach folgenden Regeln abgenommen: Dokumente werden in Form von Reviews abgenommen. Für Software- oder Hardwarekomponenten (Testobjekte) wird jeweils eine Testspezifikation erstellt. Diese wird dem Auftraggeber mindestens zwei Wochen vor dem jeweiligen Abnahmetermin zur Prüfung vorgelegt. Innerhalb dieses Zeitraums schriftlich eingehende Änderungswünsche seitens des Auftraggebers werden vom Auftragnehmer in die Testspezifikation eingearbeitet. Die Ergebnisse des Tests werden protokolliert. Nach erfolgreich abgeschlossenem Test gilt das Testobjekt als abgenommen. Eventuell auftretende Fehler werden unter Angabe des Zeitraums der Behebung in das Testprotokoll aufgenommen. Unwesentliche Fehler, welche die Betriebsfähigkeit des Testobjekts nicht beeinträchtigen, verhindern die Abnahme nicht. Nach Abnahme aller Liefergegenstände gilt das Projekt als insgesamt abgenommen und beendet. Wird eine Abnahme durch den Auftraggeber verweigert oder verzögert, so gelten alle Liefergegenstände dreißig Tage nach Erklärung der Abnahmebereitschaft als abgenommen. Die Abnahmebereitschaft wird durch den Auftragnehmer jeweils schriftlich erklärt ..." Diese Darstellung ist sehr kurz gefasst und exemplarisch zu verstehen. Was hier tatsächlich geregelt ist, hängt stark vom Projekt ab. Das Wichtigste ist, die Abnahme *überhaupt* zu regeln.

### 4. Rechtliche Aspekte

Das Angebot wird durch dieses abschließende Kapitel ergänzt. Hier können alle weiteren Rahmenbedingungen wie Haftungsregelung, Geheimhaltung, Verweis auf AGB o. Ä. festgehalten werden.

## Vertragsänderungen

Bei jedem Vertrag kann es zu Änderungen kommen. Sie sind etwas völlig Normales, nicht nur in IT-Projekten. Das Einzige, was hierbei wirklich beachtet werden muss, ist, *alle* Änderungen in nachvollziehbarer Weise *schriftlich* zu dokumentieren. Handelt es sich um *kaufmännisch relevante* Änderungen, wenn z. B. ein Liefergegenstand durch einen anderen ersetzt werden soll oder wenn sich der Umfang einer Aufgabe ändert, so muss das auch auf kaufmännischer Ebene (durch die ursprünglichen Vertragsunterzeichnenden) schriftlich geregelt werden. Änderungen inhaltlicher Art, die keine Auswirkungen auf *Leistungsumfang, Preise, Liefergegenstände* oder *Meilensteine* nach sich ziehen, können ohne die kaufmännische Ebene geregelt werden. Aber alles immer schriftlich, alleine schon deshalb, um unnötige Diskussionen zu vermeiden: „Wir haben doch besprochen, dass ..." In Streitfällen zählt immer das laut Indizien beabsichtigte.

Das Thema Änderungen in Projekten ist sehr umfangreich und kann in großen Projekten „eine eigene Wissenschaft für sich" werden. Deshalb möchte ich an dieser Stelle nochmals auf das Thema „Requirements Management" verweisen, das einen Großteil solcher Änderungen abfedern kann, siehe Colin Hood (2007).

## Die vermutlich häufigsten Risiken in IT-Projekten

Um nochmals auf das Thema Risikomanagement zurückzukommen; durch eine Angebots- und Vertragsgestaltung wie oben beschrieben kann folgenden vermutlich häufigsten Risiken in IT-Projekten wirkungsvoll begegnet werden:

- Auftragnehmer und Auftraggeber kommunizieren und arbeiten aneinander vorbei: Das Angebot legt bereits im ersten Kapitel das Ziel des Auftraggebers und das Verständnis der Aufgabe dar. Durch Beauftragung dieses Angebots bestätigt der Auftraggeber, dass Sie das gleiche Verständnis haben.
- Der Auftraggeber wechselt mitten im Projekt die Richtung: Änderungen in Projekten sind völlig normal. Durch seine festgelegte Mitwirkungspflicht und mit einem guten, eventuell vertraglich festgelegten Change-Management-Verfahren bleiben Sie auf dem Weg.
- Dritte oder auch der Auftraggeber selbst liefern notwendige Beistellungen nicht wie vereinbart: Auf Basis der Mitwirkungspflicht des Auftraggebers oder ursprünglicher Terminzusagen können Sie Mehraufwand geltend machen oder Terminverschiebungen glaubhaft argumentieren.
- Der Auftraggeber weigert sich, das Ergebnis abzunehmen: Durch die eindeutige Regelung der Abnahme ist dem Auftraggeber seine Pflicht diesbezüglich frühzeitig bekannt. Die fortlaufende Abnahme von Teilergebnissen verhindert Überraschungen zum Ende des Projekts.
- Zahlungen bleiben trotz Abnahme aus: Durch frühzeitige Teilzahlungen kann dieses Risiko minimiert werden. Werden Teile nicht bezahlt, so kann die Auftragsabarbeitung gestoppt werden, da der Auftraggeber der Vereinbarung nicht nachkommt. So wird die Entstehung von ungedeckten Kosten vermieden.

## Top-Ten-Fehler in der Angebotsphase

1. Das Projektziel ist nicht eindeutig formuliert und/oder nicht zwischen Auftraggeber und Auftragnehmer in einer gemeinsamen Formulierung abgestimmt.
2. Die Aufwandsschätzung ist zu ungenau. Es wurde zu häufig „über den Daumen gepeilt".
3. Tatsächlich anfallende Aufgaben oder Zusatzkosten wurden vergessen.
4. Zu gering geschätzter Aufwand („Zwei Tage für ... müssen reichen").
5. Lieferbestandteile sind nicht genau definiert.
6. Ansprechpartner sind nicht klar definiert.
7. Es ist nicht geregelt, wer (Auftraggeber/Auftragnehmer) für welche Aufgaben verantwortlich ist, damit das Projekt erfolgreich abgeschlossen werden kann.

8. Es ist nicht geregelt, wie die Abnahme vonstatten gehen soll.
9. Sich im Preis „runterhandeln" lassen, ohne gleichzeitig den Leistungsumfang zu reduzieren.
10. Die Annahme, es wird schon irgendwie klappen, ohne sich wirklich sicher zu sein.

Grundsätzlich ist in einem Vertrag wichtig, was die beiden Parteien *gemeint* haben und nicht, was wörtlich darin steht. Interpretation und geschriebenes Wort müssen dabei natürlich bestmöglich zueinander passen. Im Zweifelsfall (vor Gericht) gilt immer, „was gemeint oder beabsichtigt war". Um dies herauszufinden, werden nun E-Mails, Besprechungsberichte, Dokumente oder andere Quellen herangezogen. Keine noch so genaue Formulierung kann Ihnen deshalb hundertprozentige Rechtssicherheit bieten. Genaue Formulierungen und sich daran zu halten, können aber helfen, Streitfälle *von Anfang an zu vermeiden*. Das muss Ziel eines guten Vertrags sein. Einen weitergehenden Einblick in das Thema Vertragsgestaltung von IT-Projekten liefern Erben et al. (2007).

## Projektstart

Der erste Schritt in einem Projekt ist der Projektstart selbst, nachdem der Auftraggeber das Angebot offiziell beauftragt hat. Eigentlich hört es sich ziemlich banal an, dass der Start eines Projekts explizit erwähnt werden muss. Die Realität zeigt aber, dass es häufig Projekte gibt, die keinen definierten Startpunkt erkennen lassen. Irgendwann wurde es einfach nebenbei angefangen. „Es läuft doch, oder?" In einem solchen Umfeld zu arbeiten, ist nicht gerade motivierend.

Ein guter Start kann kurz vor dem Ziel über Gewinn oder Niederlage entscheiden. Zu Projektbeginn lassen sich Mitarbeiter begeistern. Es beginnt etwas Neues. Jeder erhält die Möglichkeit „endlich einmal seine Ideen einzubringen". Motivation macht sich um die Gedanken an das mögliche Erfolgserlebnis breit. Eine neue Aufgabe beginnt und lässt bisher Ungeliebtes in Vergessenheit geraten. Dieses Erlebnis, an einem gemeinsamen Ziel arbeiten zu können, kann von Anfang an teambildend wirken, sofern die Beteiligten nicht bereits tiefgreifende Ressentiments gegeneinander hegen. Jeder Projektstart bietet die Chance, große Mengen an Motivation freizusetzen. Wer es in seinem Projekt versäumt, diese kostenlose Startenergie zu nutzen, wird hinterher Teambildung und Fortkommen in Richtung Ziel teuer bezahlen müssen.

Ein guter Projektstart, oft auch als Kick-off-Meeting bezeichnet, deckt mindestens folgende Aspekte ab:

- Alle Mitglieder des Teams nehmen daran teil. Es ist besonders wichtig, dass alle am Projekt Beteiligten mit dem gleichen Informationsstand starten können. Von Zielen oder Nebenbedingungen erst zufällig „hintenherum" zu erfahren, stört die Motivation oft empfindlich.

- Alle Mitglieder machen sich untereinander bekannt. In der gleichen oder benachbarten Abteilung zu arbeiten, ist kein Garant dafür, dass sich die entsprechenden Mitarbeiter auch kennen.

- Die Ziele des Projekts werden klar kommuniziert – dies bedeutet: Alle Beteiligten haben am Ende des Meetings das gleiche Verständnis der zu erreichenden Ziele.

## Planung

Gerade bei der Planung wird eines besonders deutlich, was bereits zuvor im Zusammenhang mit Vorgehensmodellen erwähnt wurde: Ein Projekt läuft üblicherweise nicht in aufeinanderfolgenden Phasen ab, sondern besteht aus Tätigkeiten, die parallel mit unterschiedlicher Intensität ausgeführt werden. Projektplanung ist eine kontinuierlich begleitende Tätigkeit, die gegen Ende des Projekts abnimmt. Zum Verständnis ist es sinnvoll, erst einmal zu definieren, was „Planung" bedeutet: „Planen bedeutet Absichtserklärungen für die Zukunft abzugeben."

Planen bedeutet deshalb *nicht nur*, Dinge in eine zeitliche Reihenfolge zu bringen. Budgetieren und Festlegen von möglichen Meilensteininhalten und Terminen ist bereits Planen. Das Kunststück beim Planen besteht darin, zur richtigen Zeit die notwendigen Dinge zu planen. Da es vor einer Beauftragung sinnvoll ist, nicht *zu viel* Energie in eine detaillierte Planung zu stecken (da das Angebot auch nicht beauftragt werden könnte), muss dies spätestens unmittelbar nach Beauftragung nachgeholt werden.

Ein Projektplan besteht nicht, wie gemeinhin oft angenommen, aus einem Zeitplan, sondern gibt Auskunft über verschiedenste Aspekte eines Projekts. Ein solcher Plan wird deshalb oft auch als Projektmanagement-Plan (kurz PMP) bezeichnet. Dieser Plan beschreibt, *vor welchem Hintergrund und mit welchen Zielsetzungen der Projektleiter das Projekt leitet.* Im Wesentlichen werden darin folgende Fragen beantwortet:

- Was ist das Ziel der Aufgabe, aus Sicht des Auftrag*nehmers*? Das Projekt könnte ein Hilfsmittel sein, um mit dem Auftraggeber eine

Kundenbeziehung auf anderer Ebene ausbauen zu können. Dann gilt es nicht nur, das im Angebot definierte Ziel des Auftraggebers zu erreichen, sondern auch dieses anders lautende interne Ziel.

- In welchem Umfeld findet das Projekt statt? Aus jedem Umfeld ergeben sich ganz bestimmte Rahmenbedingungen. Findet die Arbeit lang andauernd beim Kunden statt, müssen Vorkehrungen getroffen werden, dass die auswärtigen Mitarbeiter kein „Eigenleben" entwickeln, anstatt das Unternehmen zu repräsentieren. Sind in das Projekt aus politischen Gründen „bremsende" Dritte einzubeziehen, so müssen dafür geeignete Umgangsmodalitäten gefunden werden. Etc.

- Welche Risiken birgt das Projekt, und wie wird diesen begegnet? Hierüber wurde bereits weiter oben gesprochen.

- Wer ist für was verantwortlich? Es muss eindeutig festgehalten werden, welcher Mitarbeiter für welche Aufgaben im Projekt *verantwortlich* ist. Zusätzlich kann hier eine Vertretungsregelung definiert werden.

- Welche Ansprechpartner gibt es beim Auftraggeber zu welchen Themen? Für jeden Beteiligten müssen mindestens der vollständige Name, seine Funktion im Projekt und seine Kommunikationsdaten wie E-Mail und Telefonnummer festgehalten werden. Festzustellen, dass keiner mehr so genau weiß, wie der Ansprechpartner für das Thema X geheißen hat, während der Projektverantwortliche beim Auftraggeber in Urlaub ist, kann viel wertvolle Zeit kosten.

- Welche Beistellungen werden zu welchen Terminen von wem erwartet?

- Wie wird die Qualität im Projekt sichergestellt? Welche Verfahren werden dabei angewendet? Wo werden die Ergebnisse abgelegt? Wie wird Konfigurationsmanagement betrieben? Etc.

- Und schließlich: Welche Arbeitspakete gibt es, und nach welchem Zeitplan sollen diese erbracht werden? Arbeitspakete werden üblicherweise in einem (bei großen Projekten separaten) *Projektstrukturplan* dargestellt.

Ein Projektstrukturplan zeigt in einer Baumdarstellung alle Arbeitspakete des Projekts. Diese Darstellung ist leicht zu verstehen (ideal für Präsentationen und Angebote), wird von einigen Projektmanagement-Tools aber nicht unterstützt. Sie stellen Projektstrukturpläne üblicherweise als hierarchische Liste mit nebenstehenden Zeitbalken dar. Beide Darstellungen haben ihren Vorteil: Der Baum verdeutlicht die *strukturellen* Zusammenhänge (räumlich nahe oder entfernte Arbeitspakete, aufeinanderfolgende Arbeitspakete in einem Ast etc.).

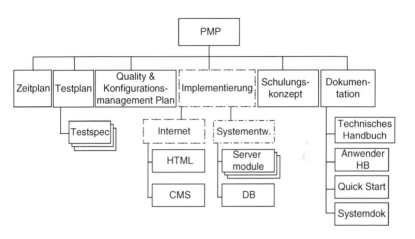

Die Listendarstellung verdeutlicht die *zeitlichen* Zusammenhänge. Beide Darstellungen ergänzen sich und müssen nicht notwendigerweise identisch sein, wie nachfolgendes Beispiel zeigt.

Üblicherweise ändern sich die Bedingungen in einem Projekt während dessen Laufzeit. Als Reaktion darauf muss auch der PMP regelmäßig den neuen Gegebenheiten angepasst werden. Durch eine solche umfassende und aktuelle Planung wird die Steuerung des Projekts wesentlich erleichtert. Der Projektmanagement-Plan ist sozusagen der „Managementleitfaden" für das Projekt und gehört zu den anderen wichtigen Dokumenten in den Projektordner.

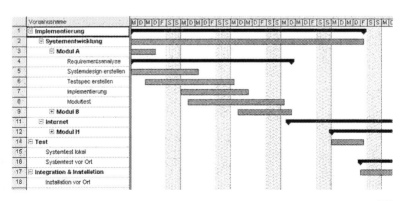

## Steuerung

Aufgrund aller vorgenannten Ablaufhinweise möchte ich noch einmal auf obiges Ablaufmodell zurückkommen. In jedem Projekt gibt es Phasen, wie sie in der Abbildung zu Beginn des Kapitels „Ein mögliches Projektablaufmodell" dargestellt wurden. Dass diese nicht abrupt aufeinanderfolgen, wurde bereits mehrfach beschrieben. Zur Verdeutlichung möchte ich diesen Sachverhalt nochmals in Form einer Grafik darstellen. Sie zeigt, welche Projekttätigkeiten üblicherweise zu welchen Zeiten mit welcher Intensität anfallen. Der zeitliche Verlauf ist von links nach rechts zu verstehen.

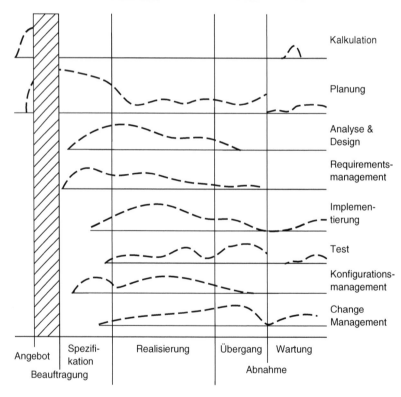

Dies ist natürlich eine schematische Darstellung, anhand derer ich auf einige wichtige Aspekte eingehen möchte:

Links, vor der Abgabe des Angebots, beginnen zwei Tätigkeiten: die Kalkulation (oder Preisfindung) und bereits erste Planschritte. (Sind die notwendigen Ressourcen verfügbar, wenn ja, wann? Welche Arbeitspakete entstehen? Welche Entwicklungsreihenfolge ergibt sich? Welche Termine sind realistisch? Etc.)

Nach der Abgabe des Angebots ruhen üblicherweise alle Projekttätigkeiten, bis auf eventuell notwendige Verhandlungen. Der schraffierte Bereich stellt die Zeit bis zu einer Beauftragung dar, in der die zukünftigen Projektmitarbeiter oft erst „einmal abwarten", da dieser Zeitraum oft als zu kurz angesehen wird, um darin andere (wirklich sinnvolle) Aufgaben verteilen zu können. Je mehr Zeit hier verstreicht, desto mehr Kosten entstehen durch Nichtauslastung der vorhandenen Ressourcen. Deshalb bietet sich an, auch wenn Vertragsdetails noch geklärt werden müssen, mit dem Auftraggeber einen *Letter of Intent* zu vereinbaren. Damit wird eine grundsätzliche Bereitschaft zur Zusammenarbeit bestätigt. In diesem Zusammenhang lassen sich Tätigkeiten festlegen, die auf alle Fälle bezahlt werden, auch wenn die Verhandlungen letztendlich doch scheitern sollten. Auf Basis eines solchen *Letter of Intent* können Sie bereits frühzeitig mit der Umsetzung beginnen und so einen zusätzlichen Zeitpuffer schaffen.

Vor Beginn der Realisierung ist es notwendig, die Aufgabe und mögliche Lösungen genau zu spezifizieren. Wird dies unterlassen, oder „nebenbei" betrieben, so sind unliebsame Überraschungen gegen Ende des Projekts garantiert. Da „spezifizieren" aber auch oft etwas mit „ausprobieren" zu tun hat, ist es völlig legitim, bereits hier mit prototypischen Implementierungen zu beginnen (lesen Sie dazu bitte auch den Abschnitt „Virtuelle Komplexität"). Das Management von Anforderungen (*Requirements*) und Änderungen (*Changes*) und das systematische Testen (*nicht*: „Ausprobieren") begleiten den gesamten Realisierungsvorgang, bis hin zur Abnahme.

Ein besonderer Projektabschnitt ist die so genannte Übergangsphase. Hier werden dem Auftraggeber frühzeitig Projektergebnisse übergeben und Beta Releases bei ihm vor Ort integriert und getestet. Die dabei aufkommenden Änderungswünsche und notwendigen Fehlerbehebungen sind gängige Praxis. Solche Entwicklungen werden hier innerhalb des Projektzeitraums geplant und erwartet und nicht wie so oft als unerwartete Ereignisse nach vermeintlichem Projektende abgearbeitet (siehe auch den Abschnitt „Die Lizenz zum Hacken").

Auch nach einer formalen Abnahme können Änderungswünsche oder Fehler auftreten. Letztere sind im Rahmen der Gewährleistung zu beheben und müssen ebenso durch Projektmanagement-Maßnahmen gesteuert werden. Änderungswünsche, die keine Gewährleistungsfälle betreffen, bedürfen eines neuerlichen Angebots.

Das Verständnis dieser *parallelen* Vorgehensweise ist wichtig, denn die Aufgabe der Projektsteuerung wird dadurch erst wirklich notwendig. Könnten alle Arbeitsschritte deterministisch vorhergesagt werden, so müsste die Abarbeitung nicht kontrolliert und gesteuert werden. Da aber das ursprünglich Festgelegte durch auftretende Hindernisse und Änderungswünsche ständiger Neuplanung unterliegt, muss auch ständig reagiert werden. Und zwar durch Neuplanung auf Basis aktueller Soll/Ist-Vergleiche.

Die Ist-Daten-Erfassung bezieht sich auf die Größen „Termin", „Aufwand" und „Kosten". Bisheriger Aufwand und bisherige Kosten lassen sich üblicherweise aus der firmeninternen Zeiterfassung mittels Reports generieren. Dies bedeutet, einen Blick in die Vergangenheit zu werfen. Es kann durchaus interessant sein, aufgetretene Budgetüberschreitungen zu entdecken. Die Vergangenheit lässt sich aber nicht mehr ändern. Deshalb ist es notwendig, ein *Controlling-Instrument* einzuführen, das zusätzlich Aussagen über den aktuellen inhaltlichen Arbeitsfortschritt (im Gegensatz zum reinen Zeitverbrauch), die aktuelle Projektsituation und Maßnahmen bei Planabweichungen liefert. *Gutes Projektmanagement blickt in die Zukunft.*

Projekt-Controlling kann im Rahmen eines regelmäßigen Statusmeetings durchgeführt werden. Dazu wird vom Projektleiter ein interner *Projektstatusbericht* ausgefüllt. Dieser gibt Auskunft über:

- den Berichtszeitraum und das Projekt,
- eine Einschätzung der aktuellen Projektsituation: „in Plan", „außer Plan" oder „kritisch",
- die aktuelle Beziehung zum Kunden: „problemfrei", „mittelmäßig", „kritisch",
- den aktuellen Soll/Ist-Vergleich von Terminen, Aufwand und Kosten.
- den Fertigstellungsgrad als Maßzahl: „Ist-Dauer x 100 / voraussichtliche Gesamtdauer" gibt den zeitlichen Fertigstellungsgrad an. „Ist-Aufwand x 100 / voraussichtlicher Aufwand" liefert ein Leistungsmaß. Vermeiden Sie unbedingt, den Fertigstellungsgrad zu erfragen, anstatt ihn nach immer dem gleichen Verfahren zu berechnen. Sie werden aller Wahrscheinlichkeit nach ziemlich oft zu hören bekommen: „Wir sind zu 90 % fertig" – und das bei der

gleichen Aufgabe mehrmals und zu unterschiedlichen Zeitpunkten.

▓ kritische Punkte, die den aktuellen oder zukünftigen Projektablauf gefährden, werden im Bericht in Kurzform aufgelistet.

Wurden im Projekt realistische Meilensteine definiert, so kann der Soll/Ist-Vergleich durch eine *Meilenstein-Trendanalyse* ergänzt werden. Dazu werden in einer Kreuztabelle alle geplanten Meilensteine eingetragen. In den folgenden Statusberichten werden die nach der jeweils aktuellen Planung geltenden Meilensteintermine kontinuierlich fortgeschrieben. So wird der Trend des Projekts sichtbar. Aufgaben, deren Meilenstein sich auf einer horizontalen Linie bewegt, sind in Plan, Termine unter der Horizontalen bedeuten einen vorgezogenen Abschluss, Termine darüber einen Verzug. Eine schematische Darstellung eines solchen Plans sehen Sie in der folgenden Abbildung.

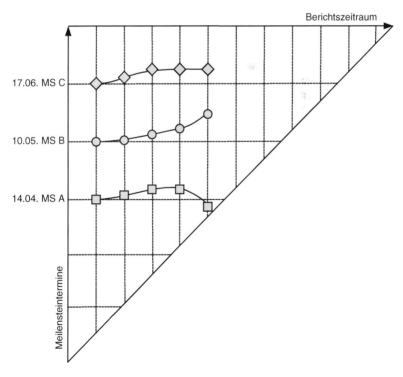

Eine Vorlage für Statusberichte finden Sie im Internet unter [Mangold].

An internen Statusmeetings sind üblicherweise die eigene Geschäftsführung oder deren kaufmännische Vertreter beteiligt. Den Teilnehmern wird der Bericht vorab zur Verfügung gestellt, so dass Sie sich entsprechend vorbereiten können. Im Meeting können dann anhand der Aufzeichnungen notwendige Maßnahmen besprochen und schriftlich festgehalten werden.

Mögliche Maßnahmen bei drohendem *Terminverzug* sind:

- *Aufstockung der Kapazitäten:* Hier muss zuvor genau analysiert werden, ob neue Mitarbeiter im Team so schnell produktiv mitarbeiten könnten, wie es notwenig erscheint. In aller Regel ziehen diese die Gesamtleistung des Teams erst einmal nach unten (siehe dazu auch DeMarco und Lister (1999)).

- *Verringerung des Leistungsumfangs:.* Sofern der Auftraggeber damit einverstanden ist, ist diese Maßnahme gut geeignet, nicht nur Termine halten zu können, sondern auch zur psychischen Entspannung der Beteiligten beizutragen: „Gott sei Dank, das müssen wir jetzt nicht auch noch machen...“

- *Änderung der Reihenfolge:* Eventuell kann eine Änderung der Reihenfolge geplanter Tätigkeiten vorgenommen werden, sofern diese nicht voneinander abhängen.

- Letztendlich lassen sich auch *Termine verschieben*. Eventuell sogar der Endtermin.

Bei drohenden *Kostenüberschreitungen* aufgrund von Fehlplanung kann letztendlich nur der *Leistungsumfang* vermindert werden. Eventuell können diese Mehrkosten noch einmal mit dem Auftraggeber verhandelt werden, wenn sich herausstellt, dass die Fehlplanung auf unzureichenden Informationen seinerseits beruhen. Unbezahlte Überstunden oder Wochenendarbeit sind zur Abpufferung von Kosten- oder Terminüberschreitungen nur eine Kurzzeitlösung. Stress und Missstimmung wirken sich mit Sicherheit auf Dauer nachteilig auf alle Projekte aus. Meist in einer sehr unterschwelligen Form, deren Auswüchse erst entdeckt werden, wenn es zu spät ist (z. B. Kündigungen, Bummelei oder Sabotage).

Welche Maßnahmen letztendlich zum Einsatz kommen, ist von den gemeinsamen Zielen und der aktuellen Projektsituation abhängig. Vorteilhaft ist ein „intelligenter“ *Maßnahmenmix*, der über „Ich brauch mehr Leute“ oder „Wir müssen den Termin verschieben“ hinausgeht.

Ziel der Projektsteuerung ist es, *Gefahren und Fehler zu vermeiden und nicht, bereits aufgetretene Probleme lösen zu müssen.* Auch genügt es nicht, nur zu planen. Das Geplante muss auch in die Tat umgesetzt werden. Alle Beteiligten anzuleiten, die gemeinsamen Ziele zu ereichen, ist Aufgabe des Projektmanagers.

## Abschluss

Genauso wie beim Start erscheint es ebenso banal, dass ein Projekt einen Abschluss hat. Leider finden sich aber unzählige Projekte, die niemals offiziell als beendet deklariert worden sind. Wann sollen denn die Beteiligten endlich wieder einmal durchatmen und die Dinge, an denen sie gearbeitet haben, guten Gewissens beiseite legen? So manches Projekt ist schon als *„never ending story"* zum Spott ganzer Unternehmen geworden.

„Medaillen" gibt es erst im Ziel und nicht bereits kurz vor dem Ende oder mittendrin. Ein erfolgreicher Projektabschluss ist für jedes Teammitglied ein positives und persönliches Erlebnis. Das ist es, worauf alle hinarbeiten. Hier fällt die gesamte Anspannung und Last ab. Gegenseitiges Schulterklopfen ist angesagt, wenn das entwickelte System eingeschaltet wird und fehlerfrei läuft. Es geht darum, wenn auch oft unbewusst, *sein eigenes Erfolgserlebnis* zu erzeugen.

Ähnliche Bedingungen gelten für Projekte, die „aus dem Ruder gelaufen" sind. Ein unter der Hand als beendet deklariertes oder ein „auf Eis gelegtes" Projekt hinterlässt immer offene Fragen und eine ungute Stimmung. Keiner möchte den anderen Beteiligten mehr über den Weg laufen, und jeder beugt durch eigene Abschottung unangenehmen Fragen vor. Deshalb ist es bei allen, auch bei fehlgeschlagenen Projekten wichtig, diese offiziell als beendet zu erklären. Erst dann können sich die Beteiligten wieder entspannt und mit vollem Elan neuen Aufgaben widmen.

Natürlich ist der offizielle Projektabschluss nicht nur aus menschlichen Aspekten wichtig. Er dient auch dazu, die bis dahin belegten Ressourcen wieder freizugeben und den Kostenfluss zu stoppen. Ich wünsche Ihnen, dass am Ende Ihrer Projekte die Kosten aufhören zu fließen und dass jeder in Ihrem Team sein persönliches Erfolgserlebnis aus dem Projekt mitnehmen kann.

# Woran IT-Projekte scheitern

## Virtuelle Komplexität

Projekte haben zu Beginn meist eine sehr hohe Geschwindigkeit. Alles ist neu, jeder kann sich voll einbringen. Ideen sprudeln und werden auch gleich „zum Testen" oder als „Machbarkeitsbeweis" in Programmcode gegossen. Neue Ideen kommen hinzu, Änderungen werden eingebaut. Die Entwickler sind schon „mittendrin", während die Anforderungsdefinition und das Softwaredesign „so nebenbei" abgehandelt werden. Die Wahrheit – das wissen alle Entwickler – steckt letztendlich doch nur im Code. (Vorsicht: Es hat fatale Folgen, wenn es tatsächlich so ist.)

In jedem Projekt gibt es einen Zeitpunkt, ab dem Aussagen über konkrete Termine getroffen werden müssen. Kein Problem, schließlich lässt sich bereits etwas vorzeigen. Lauffähige Software, Spezifikations- und Designdokumente. Dass alles nicht so richtig zusammenpasst, ist bei der Präsentation vor dem Vorgesetzten Nebensache.

„Alles schön und gut, aber wann glauben Sie denn fertig zu werden?"

„Das lässt sich schwer sagen. Es ist alles ziemlich komplex."

Spätestens, wenn sich dieses Spiel ein paar Mal ereignet hat, wird klar: Ein Projektplan muss her. Alle bisher gelaufenen Aktivitäten werden in den Plan eingezeichnet. Die vielen Ressourcenzuordnungen und Querbeziehungen lassen den Plan, in gedruckter Form, bald als modernes Kunstwerk erscheinen. Wie erwartet, das Projekt ist unglaublich komplex! Bewiesen, schwarz auf weiß, DinA0 Querformat.

Solche Pläne werfen die Frage auf, ob vielleicht mit der Projektdurchführung etwas nicht stimmt. Es steckt ja für alle offen sichtbar eine hohe Komplexität *im Plan*. Dies ist jedoch nicht gleichbedeutend mit der Annahme, die Komplexität würde auch „zwischen" den einzelnen Balken oder Kästchen des Plans stecken. „Offen sichtlich" bedeutet eben nicht unbedingt „offensichtlich". Meiner Erfahrung nach steckt die Komplexität in IT-Projekten größtenteils „in" den einzelnen Aufgaben. Und dies wirkt sich primär auf die Länge und Verschiebung der Aktivitäten und nicht auf deren Abhängigkeiten aus. Aussagen der Art „Das System ist so komplex" beruhen in den wenigsten Fällen auf einer tatsächlichen Komplexität der Aufgabe. Es ist fast immer die unkoordinierte Abwicklung, die ein Projekt komplex *erscheinen* lässt.

Pläne sind eine Absichtserklärung für die Zukunft. Aus diesem Grund kann auch das „Aufmalen" von Vergangenem oder Aktuellem meist nur wenig für die Zukunft beitragen. Wer derartige „Pläne" erstellt, plant nicht, sondern dokumentiert lediglich Ist-Situationen.

In Krisensituationen bietet sich folgende praxisbewährte Frage an: „Wie würden wir es *komplett* neu machen, wenn wir dabei unser bisheriges Know-how verwenden?" Auch wenn sich dabei herausstellt, dass ein kompletter Neuanfang nicht die beste Lösung ist, so hilft diese Frage zumindest, bestehende (Denk-)Knoten zu lösen, brauchbare Ergebnisse zu identifizieren und auf dieser Basis „neu anzufangen".

## Verbales Judo und Verantwortungsketten

Jeder Mensch durchlebt während seines Lebens Höhen und Tiefen. Ein wichtiges Erlebnis ist dabei der persönliche Erfolg. Er motiviert stärker als alles andere. Eine Eigenschaft, die sich bereits seit Jahrtausenden bewährt hat. Erfolg zeigt uns, dass das, was wir getan haben, „richtig" war. Unser Bedürfnis nach Erfolg bewegt uns dazu, es immer wieder und immer besser zu tun. Was passiert aber, wenn wir zwar erfolgreich handeln, den Erfolg aber nicht erfahren dürfen? Ob ein Löwe frustriert ist, wenn ihm die soeben geschlagene Beute von einem stärkeren Artgenossen gestohlen wird, kann ich nicht sagen. Bei Menschen ist diese Art der Frustration dagegen absolut sicher, vom Säugling bis zum IT-Profi.

Misserfolg bestärkt uns gleichermaßen darin, dass das, was wir getan haben, offensichtlich so nicht sinnvoll war. Erfährt ein Mitarbeiter nie Erfolg oder Misserfolg (Kritik) im Rahmen seiner Arbeit, so wird er über kurz oder lang auch keinen Ehrgeiz mehr entwickeln. „Denen ist es eh Wurst, was und wie ich es mache."

Menschen können Erfolgserlebnisse insbesondere dann nicht erleben, wenn sie nur „ausführendes Organ" sind. Sie wickeln etwas nach Anweisung ab. Wenn das Ergebnis fertig ist, nimmt es der Verantwortliche entgegen und „verkauft" dieses als Leistung unter „seiner" Verantwortung.

Das Erleben von Erfolg hängt vor allem im Beruf stark mit Verantwortung zusammen. Eine Person, die lediglich etwas abwickeln soll, ist kein „Mitarbeiter", sondern nur ein „Arbeiter". An etwas mit-zu-arbeiten bedeutet auch, Verantwortung für einen Teil zu tragen. Letztendlich bedeutet dies, persönlich am Gesamtergebnis Teil zu haben. Entsprechend persönlich wird auch das Erleben von Lob und Kritik ausfallen. Lob und Kritik richten sich immer an den Verantwortlichen. Selbst wenn es an „alle Beteiligten" ausgesprochen wird, so werden sich – insbesondere im Kritikfall – nur diejenigen angesprochen fühlen, die auch tatsächlich entsprechende Verantwortung tragen.

Was definitiv nicht funktioniert, ist das Aufzwängen oder Delegieren von Verantwortung. „Ich möchte, dass Sie diese Aufgaben übernehmen. Ich muss wohl nicht extra erwähnen, dass Sie damit auch für das Ergebnis verantwortlich sind." Wird der Zwischenteil gestrichen, so ergibt sich die Kernaussage zu: „Ich möchte, dass Sie ... verantwortlich sind." Eine derart aufgezwängte Verantwortung wird mit Sicherheit beim kleinsten Problem zum Bumerang. „Wenn ich dafür verantwortlich wäre, hätte ich es völlig anders gemacht" ist dabei eine typische Reaktion. Das ist Judo in seiner Reinstform: Das Problem kommt auf einen zu, der Betroffene wendet sich ab und beschleunigt es geschickt mit einer kurzen Bemerkung auf seinem Weg zum nächsten Empfänger. Wenn der dann kontert „Ich habe Ihnen doch gesagt, dass Sie dafür verantwortlich sind", werden tausend Gründe auf den Tisch gelegt, warum man nicht wirklich verantwortlich sei. „Ich durfte ja dies und jenes nicht tun", „Das war schon von Anfang an vermurkst" etc. Das Hauen und Stechen beginnt.

So genannte „Aufgaben", hinter welchen sich lediglich „ein lästiger Job" verbirgt, lassen die Verantwortung und das Erleben von Erfolg beim Auftraggeber hängen. Verantwortung ist wie eine Klette. Sie lässt sich nicht einfach „weitergeben". Sie hängt so lange an einem, bis eine andere Person diese Verantwortung freiwillig übernimmt; sinnvollerweise im Zusammenhang mit einer Aufgabe, denn wer will schon die Verantwortung für etwas übernehmen, was er nicht beeinflussen kann. Wenn Sie Glück haben, kann eine an Ihnen klebende Verantwortung natürlich auch erlöschen. Unter anderem durch gesetzliche Fristen oder wenn sich Aufgaben „in Luft auflösen".

Wer „lästige Jobs" als Aufgaben tarnt und „Arbeit" verteilt, wird schnell, anstatt von IT-Spezialisten, nur noch von Arbeitern umgeben sein. Gönnen Sie jedem sein persönliches Erfolgserlebnis und helfen Sie bei dessen Erreichung. Nur wer erfolgreich sein darf, liefert auch gute Ergebnisse.

## Standards

Dass Standards etwas Gutes sind, wurde bereits an mehreren Stellen dieses Buchs postuliert: Standards helfen uns, unser Leben angenehm zu gestalten. Deshalb ist es legitim und sinnvoll, Softwareprojekte nach Standards durchzuführen. Ideal wäre es auch, Standardprobleme mit Standardlösungen abzuhandeln. Dazu gibt es einen eindeutigen Trend, *„Patterns"* genannt. Es gibt *„Design Patterns"* als Hilfestellung, wie ähnliche Problemstellungen entworfen werden, *„Implementation Patterns"*, wie diese realisiert werden, *„Test Patterns"*, wie sich solche Realisierungen sinnvoll testen lassen, etc. Manche Unternehmen verfügen über eigene Standard-Softwarekomponenten, die an unterschiedlichste Projekte nur angepasst werden müssen. Manche Unternehmen haben auch Standard-Softwarepakete, die sie zur Anpassung an neue Projekte nur neu konfigurieren müssen.

Manchmal dauert das Konfigurieren aber länger als eine komplette Neuentwicklung. Auch die zugrunde liegenden Standardkomponenten sind oft so komplex, dass nur noch wenige „Gurus" sie verstehen. Eine Anpassung an aktuelle Usability Standards oder die Integration von neuen Produkten wird somit leicht zum softwaretechnischen Offenbarungseid.

Viele Projekte, die unter dem Vorsatz der Wiederverwendbarkeit und dem Einsatz „firmeneigener Standardkomponenten" gestartet wurden, werden zur Spielwiese von Technologie-Freaks. Die Kosten explodieren dabei in der Regel erst kurz vor Projektende, wenn es bereits zu spät ist. Hüten Sie sich unbedingt vor der Versuchung oder dem Firmencredo, vorhandenes „so hinzubiegen, dass das auch im aktuellen Projekt verwendet werden kann". Nichts gegen „echte" Patterns und Komponentenkonzepte. Das Rad ständig neu zu erfinden, macht keinen Sinn. Wenn Sie aber noch nie direkt mit Detailproblemen von solchen Wiederverwendungsversuchen konfrontiert waren, so sollten sie vor einer Entscheidung sehr genau hinhören, was ihre Entwicklungsprofis (wohlgemerkt keine IT-Freaks) dazu sagen.

Ich kenne etliche Projekte, die auf dem „hauseigenen System" aufgesetzt wurden. Das geht so lange gut, bis sich neue Anforderungen oder Problemstellungen ergeben, die mit dem Standard nicht abgedeckt werden können. Da sich die Welt unaufhaltsam weiterentwickelt, beträgt diese Wahrscheinlichkeit 100 %. Die Frage ist nur, wie schnell ein solcher Fall eintritt. Eventuell ist das bestehende System dann schon nicht mehr im Einsatz. Vielleicht muss dieses System aber auch 30 bis 50 Jahre in Betrieb sein.

Eines ist jedenfalls sicher: Projekte sind deshalb Projekte, weil sie eben nicht „Standard" sind.

## Die beliebteste Projektmanagement-Tätigkeit der Welt

Projektleiter haben eine wichtige Aufgabe: Sie müssen Projekte leiten. Um der Bedeutung dieser Aufgabe noch mehr Nachdruck zu verleihen, können Sie auch gerne sagen „managen". Was liegt also näher, als sich im Projekt etwas zu suchen, was sich managen lässt.

Manager managen Menschen. Das ist altbekannt. Also wird jeder im Team zum gemanagten Objekt. Alle warten darauf, dass der Projektmanager sagt, was getan werden soll. Hm, das ist nicht so einfach wie gedacht, aber Manager managen auch Kundenbeziehungen. Also, Kundenmeeting einberufen. ... „Au weia, das war auch nichts. Die haben mich ganz schön kalt erwischt. Das sind Profis, da lässt sich nichts machen." Eines ist aber sicher; Projektmanager managen Pläne. Also, Projektmanagement-Tool installieren und das Einführungsbeispiel durcharbeiten. Damit lässt sich endlich einmal ein Plan in die Sache bringen. ... Da gibt es sogar eine Ansicht für Netzpläne – interessant.

... „Entschuldigung, ich bin mit der Schnittstelle zum ERP fertig. Was soll ich jetzt machen?" „Moment, ich bin gerade beim Planen. Ich meld mich später bei Ihnen." Jetzt noch die Urlaube aller Teammitglieder eintragen. ... Das geht nicht so richtig? Kein Problem, in der Hilfe gibt's bestimmt ein Beispiel dazu – irgendwo. ... „Entschuldigung, wir haben ein Problem." „Sorry, ich hab im Moment wirklich keine Zeit."...

... „Hallo Herr Meier, wie weit sind Sie denn?" „Wir befinden uns gerade in der heißen Planungsphase. Ist zwar sehr kompliziert, sieht aber ziemlich gut aus." ... „Entschuldigung? ..." – „Gleich!"

Projektmanagement-Tools widersprechen selten, haben keinen eigenen Willen und sind deshalb leicht zu managen. So angenehm das auch sein mag; Projektmanagement bedeutet aber nicht das autonome Spielen mit einem Werkzeug, sondern das Managen von Menschen, Aufgaben und Beziehungen. Ihr Team wartet darauf, geführt zu werden. Verschwenden Sie Ihre Zeit nicht mit dem Spielen mit Management-Tools.

## Die beliebteste Entwicklertätigkeit der Welt

Jeder Entwickler weiß: Software enthält Fehler. Es ist also ganz natürlich, dass bei der Entwicklung Fehler auftreten und dass die entsprechenden Ursachen gefunden und behoben werden müssen. Auch das

Abwickeln von Änderungswünschen ist entsprechend Routine. Richtig anstrengend wird es, wenn viele Fehler und viele Änderungswünsche auftreten. Dann steigt der Stress im Projekt und damit auch die Gewissheit: Ein Fehler- und Änderungsmanagementsystem muss her.

„Wir haben doch schon einmal so etwas entwickelt. Das können wir doch verwenden." „Super, dann packen wir noch eine Verwaltung für die einzelnen Module und Verantwortlichkeiten hinein." „Eigentlich wäre es toll, wenn jemand einen Fehler reinstellt, dass dann der Zuständige auch gleich eine E-Mail bekommt." „Natürlich muss das Ganze über Web bedienbar sein." ...

Wenn Sie in Ihrem Projekt zu viel Geld haben, entwickeln Sie Ihr eigenes Bug-Tracking-System und andere Hilfswerkzeuge. Wenn Sie knapp bei Kasse sind, dann sollten Sie es lieber lassen. Etliche Projekte, die über wenige Mittel verfügen, entwickeln leider trotzdem ihre eigenen Tools – anstatt sich einfach eine Standardlösung zu kaufen, die eventuell einige „Macken" hat, dafür aber von Fachleuten entwickelt wurde, die in diesem Gebiet bereits über mehrere Tellerränder geblickt haben.

Nicht am eigentlichen Projekt zu arbeiten, macht immer viel mehr Spaß. Achten Sie deshalb darauf, dass in Ihrem Projekt keine Zeit in das Neuerfinden von Rädern gesteckt wird. Fertige Werkzeuge und Profikomponenten zuzukaufen, kostet weniger und bringt mehr.

# Management

## Auf hoher See

Lassen Sie sich nicht von Volksweisheiten beeinflussen à la „Jedes Projekt braucht erstmal einen Projktmanagement-Plan. Am besten Web-basiert, damit alle darauf zugreifen können". Warum, wieso, wofür? Passt das überhaupt zu Ihrer Struktur, Ihrem Vorhaben und Ihrer Mannschaft? Sapere aude (lat.: „Habe Mut, dich deines eigenen Verstandes zu bedienen"). Sie sind der Projektleiter. Sie haben die Verantwortung. Sie haben den Gestaltungsspielraum. Nutzen Sie diese Chance. Welche Vorgehensweisen und Methoden wann und wo sinnvoll sind, liegt in Ihrem Ermessensspielraum und hängt maßgeblich von verschiedenen Dimensionen ab.

Das Projektumfeld entscheidet nachhaltig über die Gestaltung eines Projekts, denn es bindet Sie als Person in ein bestehendes strukturelles und politisches Geflecht ein. Stellen Sie sich vor, Sie haben wie eine Marionette Schnüre an allen Körperteilen befestigt. Da gibt es Schnüre für „Zeit", die nur eine begrenzte Länge haben, Schnüre für „politische Empfindlichkeiten", an denen ständig jemand zupft, Schnüre für „wichtige Termine", die Sie in eine Richtung ziehen, weitere für „ständig ändernde Anforderungen", „wechselnde Vorgesetzte", „technische Probleme" etc. Alle diese Bindungen schränken Ihren Bewegungsspielraum mehr oder weniger stark ein. Sie müssen sich im Klaren darüber sein, wie straff welche Bindungen zu Projektbeginn bereits sind und wer daran zieht. Sind von vorneherein alle Schnüre unter Spannung, macht es keinen Sinn einfach anzufangen und darauf zu hoffen, dass sie schon irgendwie lockerer werden würden. In diesem Fall ist es Ihre erste Aufgabe, die Rahmenbedingungen zu klären. Vorsicht, dies bedeutet jedoch nicht, auf völlige Ungebundenheit zu hoffen oder hinzuarbeiten – vermutlich wird Ihnen dies nicht gelingen, denn die Welt dreht sich nun einmal, und je mehr Beteiligte es gibt, desto mehr Bindungen bestehen. In solchen Umfeldern erkennt man jedoch schnell die wahren Profis. Sie haben im wahrsten Sinne des Wortes „alle Zügel in der Hand". Hier wird nicht nur von außen gezogen, sondern der Projektleiter zieht auch. Er steuert die Rahmenbedingungen, anstatt sich von ihnen als Marionette herumzerren zu lassen! Das ist vergleichbar mit einem Sonntagssegler, der die Lage nur bei geringem Wind beherrscht, und einem Profisegler, der sich auf rauer See erst so richtig wohl fühlt. Wenn alle Taue unter Spannung sind, dann macht's erst richtig Spaß. Nur dann, hart am Wind, ist die Geschwindigkeit auch richtig hoch. Im ruhigen Gewässer ist es zwar schön, dort ist es aber weder schnell noch kommt man weit. Der Profisegler bleibt ein guter Vergleich, denn er macht noch etwas ganz Schlaues: Er hat nicht alle Taue selbst gleichzeitig in der Hand, sondern befestigt so viele wie möglich in fixen Stellungen (oder vertraut sie seinen Teamkollegen an) und hält nur ein oder zwei der wichtigsten Taue als Steuerungsinstrumente selbst fest. So hat er auch bei hoher Geschwindigkeit und unter schwierigen Bedingungen genügend Spielraum und Steuermöglichkeiten. Im Projektgeschäft bedeutet dies u. a.:

- Machen Sie nicht alles selbst! Delegieren Sie. Man hat Sie ja nicht als One-Man-Show engagiert, sondern als Manager.
- Machen Sie Ihrem Umfeld Ihre Rahmenbedingungen klar. Welche Termine nach Ihrem Plan gelten, welche Ergebnisse zu welcher Zeit entstehen. Welche Ressourcen wann benötigt werden.
- Ziehen Sie Außenstehende aktiv mit ein. Laden Sie diese frühzeitig zu Meetings ein und machen Sie ihnen klar, was Sie benötigen (Zeit, Geld, Ressourcen, Information ...), um das Projekt erfolgreich durchführen zu können.
- Seien Sie pro-aktiv. Ziehen Sie an den Seilen, indem Sie andere auf dem Laufenden halten. Und zwar bevor diese – aus Angst den Stand nicht zu kennen oder etwas zu verpassen – selbst anfangen, an den Seilen zu ziehen. Dann wären Sie definitiv im Nachteil, denn aus einer re-aktiven Situation lässt sich nur schwer entkommen. Das kostet viel Energie, und Sie verlieren die Kontrolle.

## Ziele

Ziele beschreiben immer einen eindeutig messbaren Zustand in der Zukunft. Wenn sich die Erreichung eines Ziels nicht messen lässt, wie und wann lässt sich dann sagen, das Ziel ist erreicht? Wie man die Zielformulierung durchführt, ob mit der „Z.I.E.L."-, der „ABC"- oder der „1-2-3-E.R.F.O.L.G."-Methode ist eigentlich völlig unerheblich. Entscheidend ist, dass Sie für jedes Ziel ein eindeutiges Maßkriterium festlegen: „Das Ziel ist erreicht, wenn ..." – „... wir das erste Mal in unserem neuen Haus vor dem offenen Kaminfeuer sitzen", „... meine Mitarbeiter im Jahresdurchschnitt eine Auslastung von 80 % mit Kundenprojekten erreichen" oder „... der Auftraggeber unterschrieben hat, dass das Lieferergebnis den Anforderungen entspricht und das Projekt abgeschlossen ist". Die Festlegung eines solchen Maßkriteriums ist unabdingbar – und zwar bevor Sie anfangen. Ein Formular zur pragmatischen Zieldefinition erhalten Sie im Internet unter [Mangold].

Ziele sind wichtig, denn, wer kein Ziel hat, ist „ziellos". Ziellosigkeit geht mit Orientierungslosigkeit einher, und diese kann erhebliche Störungen hervorrufen. Welche Auswirkungen eine solche Orientierungslosigkeit haben kann, lässt sich sehr gut an der Entwicklung von Kindern und Jugendlichen verfolgen, wenn sie die im jeweiligen Alter notwendige Orientierung von außen nicht erfahren können. Glücklicherweise nimmt die Fähigkeit zur Selbstorientierung mit steigendem Alter zu, und selbstverständlich irren wir nicht täglich orientierungslos umher, auch wenn wir nicht sofort die Frage nach unseren Zielen beantworten können. Das liegt sicher daran, dass auch die Befriedigung von Bedürfnissen einen großen Stellenwert in unserem Leben einnimmt. Wir haben dadurch implizite Ziele; „Essen", „Schlafen", „Sex" oder „Macht" zu erreichen, bedarf eventuell ausgeklügelter Strategien und Anstrengungen, die manchmal unsere ganze Aufmerksamkeit fordern. Den Teil in unserem Leben, der nicht aus Bedürfnisbefriedigung besteht, müssen – oder besser dürfen – wir selbst mit Inhalten füllen. Orientierungslosigkeit hat eine entscheidende Auswirkung auf unser Gemüt: Menschen, die keine Orientierung erfahren, entweder durch andere oder durch sich selbst, fallen früher oder später in einen Zustand der Frustration. Das ist die Vorstufe zur Suche nach anderweitiger Orientierung – und damit die innere Kündigungserklärung an das bestehende Umfeld –, nicht nur in Unternehmen, sondern in jeder Form sozialer Gruppierungen. Wie stark diese Frustration ist, hängt davon ab, wie viel Orientierung ein Mensch von außen benötigt und wie viel er davon bekommt. Genauso, wie es Aufgabe der Eltern ist, ihren Kindern Orientierung zu geben und sie zu befähigen, sich selbst zu orientieren, so ist dies auch Aufgabe eines jeden Unternehmers. Ersetzen Sie „Orientierung geben" durch „Führung" und Sie haben eine praktische Verbindung zwischen Zielen und Management.

### Wünsche oder Ziele?

Die meisten Menschen, die ich kenne, antworten auf die Frage nach ihren Zielen zögerlich „viel Geld haben", „Gesundheit" oder „nicht mehr Arbeiten müssen". Wie ist das mit einem Job am Fließband und der abendlichen Sitzung vor dem Fernseher vereinbar? Eigentlich gar nicht.

Wir verfolgen solche vermeintlichen Zielvorstellungen auch nicht aktiv. Ihre Existenz hilft uns jedoch, vieles zu ertragen: Das täglich physisch oder psychisch schwere Arbeiten – „Mit 55 gehe ich in Vorruhestand" oder der Dauerstress in der Familie – „Wenn die Kinder groß sind, müssen wir uns keine Sorgen mehr machen" (leider gehört Letzteres in die Kategorie „nie erfüllbar"). Solche Vorstellungen bezeichnen wir gemeinhin als Wünsche. Wünsche bilden eine Vorstufe zu Zielen. Wünsche sind notwendig. Sie bereiten uns Freude, wenn wir an sie denken, und sie können auch wahr werden, ohne dass wir etwas zu ihrer Erreichung beitragen müssen. Wünsche und Bedürfnisse sind die Triebfedern in unserem Leben. Sie sind aber nicht etwas, auf das wir aktiv hinwirken – und viele Wünsche wollen wir auch gar nicht wirklich erreichen: z. B. „auf die einsame Insel ziehen" oder „auf dem eigenen Bauernhof leben" (der Traum vieler Büroangestellter). Wünsche sind die Vorstufe zu Zielen, aber eben keine echten Ziele.

Ebenso wird ein Wunsch nach fehlerfreier Softwareentwicklung, mehr Profit oder höherer Mitarbeiterzufriedenheit immer Wunsch bleiben, solange niemand konkrete Ziele daraus ableitet und deren Erreichung mit konkreten Maßnahmen aktiv fördert.

## Messbarkeit

Ganz sicher werden keine Ziele von Konjunktiven und unspezifischen Personenangaben folgender Art begleitet: „Man müsste mal ..." oder „Jemand sollte ...". Ziele lassen immer erkennen, *wer, wann, was* konkret macht und wie das Endergebnis gemessen werden kann.

Nehmen wir an, dass es mein Ziel war, am 25. Januar, 10.00 Uhr Ortszeit, in Los Angeles gut erholt anzukommen. Wenn ich während des Flugs keine Minute schlafen konnte und nun auf der Suche nach meinem Gepäck bin, wie viel Prozent des Ziels habe ich dann erreicht? Ich bin angekommen, das ist die Hauptsache – also 90 %. Ach ja, in meinem Gepäck waren die Produktmuster und Businessplan-Handouts, die ich morgen den Finanziers präsentieren wollte. Also, nur 10 % erreicht. Ich könnte mir zumindest schnell das Nötigste zum Anziehen und Waschen kaufen und mir die Pläne über öffentliche Web-E-Mail zuschicken lassen. Gott sei Dank, zumindest 50 % ... aber ohne Produktmuster. Hm.

Welche Maßstäbe auch immer andere anlegen mögen: Für mich ist das ursprüngliche Ziel nicht erreicht. Mein Kriterium: Ich muss noch Aufwand betreiben, um das ursprünglich Geplante vollständig zu erreichen. Genau genommen, kann ich das Ziel im vorangegangenen Beispiel gar nicht mehr erreichen. Egal wie viel Aufwand ich betreibe, die geplante Erholung beispielsweise lässt sich nicht nachholen. Ich kann mich natürlich jetzt erholen (was in der Situation eher unwahrscheinlich ist), aber das ist nicht das ursprünglich Geplante.

In Software-Entwicklungsprojekten werde ich bei folgendem Satz immer sehr hellhörig: „Mit diesem Teil bin ich zu *90 %* fertig." Für mich bedeutet das genau zwei Dinge: Erstens, wir müssen mindestens noch einmal so viel Aufwand hineinstecken, um es wirklich fertig zu machen. Zweitens, wir haben keine Zeit mehr dafür.

Solche Aussagen kommen üblicherweise dann, wenn die Aufgabe bereits abgeschlossen sein sollte und sich ein Berg von Problemen oder Unklarheiten angehäuft hat. Es genügt also nicht, Ziele zu definieren und deren Erreichung zu fördern. Es muss auch ein allgemeines Verständnis darüber geschaffen werden, wie weit ein Ziel bereits erreicht ist. Wenn das Ziel lautet, 100 m weit in Richtung X zu laufen, dann kann der Betroffene zu jeder Zeit durch einfaches Nachmessen angeben, wie nahe er bereits dem Ziel gekommen ist. Wenn er 100 m hinter sich gelassen hat, kann er guten Gewissens von der Erreichung des Ziels sprechen. Andererseits erscheint es völlig unverständlich, warum Mitarbeiter – egal in welcher Branche – immer wieder Dinge mit dem Hinweis, sie seien fertig, abgeben und sich dann bereits bei oberflächlicher Betrachtung etliche Mängel und das Fehlen von Teilen herausstellen. Das Verständnis von „fertig" ist scheinbar *per se* relativ.

Entscheidend ist, dass Ihr Umfeld ein gleichlautendes Verständnis dafür entwickelt, was „100 %" bedeutet. Ist das nicht der Fall, können Sie auf keine Fortschrittsangaben vertrauen.

Die leider häufigste und falsche Reaktion: „Hier kocht der Chef selbst", ... weil er seinen Mitarbeitern nicht vertrauen kann. Sie sollen aber nicht kochen, sondern managen.

## Was Management ist

Management wird gerne wie folgt betrieben: „Den Dingen ihren Lauf lassen und auf die Selbstorganisation seines Umfelds vertrauen." Alles dabei positiv Entstehende wird mit entsprechender Überzeugung „... durch meine Führung ...!" verkauft. Alles, was schief läuft, wird ebenso überzeugend auf andere geschoben. Das ist natürlich der weitaus schwierigere Teil, da die Fehler im eigenen Revier auftreten. In der Beherrschung dieser Fähigkeit unterscheiden sich gute und schlechte Manager. Sollten Sie mit Managementaufgaben betraut sein, gebe ich Ihnen ein wenig Hilfestellung. Verwenden Sie einfach bei passender Gelegenheit eines der folgenden üblichen Zitate:

- „Wenn Ihre Abteilung vernünftig arbeiten würde, dann könnten meine Jungs endlich mal gute Arbeit leisten und müssten ihre Zeit nicht mit dem Geradebiegen von Zulieferungen verbringen." (Beweis durch überzeugtes und lautes Aussprechen)
- Gegenseitiges Bejammern bietet sich an, wenn Sie es sich mit ihren Managerkollegen nicht verderben wollen: „Wenn die Firma endlich einmal etwas für dies und das unternehmen würde, dann hätten wir die ganzen Probleme nicht."
- Das schwarze Schaf in einer anderen Abteilung zu lokalisieren und seinen Managerkollegen dafür zu bedauern, ist auch eine gängige Methode: „Der Huber ist ja ein ständiger Quertreiber. Meine Leute sind schon völlig konfus. Wahrscheinlich ist das bei Ihren Leuten ja auch so. Zu dumm, dass Sie den übernehmen mussten."

Entscheiden Sie dabei (das ist schließlich eine Managerfähigkeit), in welche Richtung Sie das Problem abschieben: „Nach oben" zur Unternehmensspitze, „zur Seite" zu Managerkollegen oder „nach unten" auf die Mitarbeiter anderer Abteilungen. Dumm ist es natürlich, wenn Sie bereits ganz oben sind, dann schränken sich die Möglichkeiten ein. Beruhigenderweise genügt in diesem Fall ein universell passendes „Das ist Aufgabe der Bereichs- und Abteilungsleiter – dafür haben wir diese Ebenen schließlich". Wenn Sie gefragt werden, was eigentlich die genauen Ziele des Unternehmens sind, woraus sich diese Aufgabe ableiten ließe, dann werden Sie bitte nicht polemisch mit Aussagen wie „Das müssten Sie eigentlich wissen". Sagen Sie stattdessen lieber ein versöhnliches „Den Bereich entsprechend zu organisieren". Vermutlich wird keiner merken, dass „entsprechend" genauso wenig aussagt wie ein universelles „Das ist die Aufgabe".

Oder?

Leider ist solches Verhalten in vielen Organisationen gängige Praxis – ich hoffe, Sie tun es trotz meiner Hilfestellung nicht so.

Für mich besteht Management aus zwei völlig anderen Aspekten:

- Dinge zu tun, damit mein Umfeld seine volle Energie entfalten kann.
- Mein Umfeld befähigen, diese Energie für die jeweiligen Ziele optimal einzusetzen und diese nachhaltig zum Erfolg zu bringen.

## Energie entfalten

Damit mein Umfeld seine Energie entfalten kann, müssen organisatorische und emotionale Hürden abgebaut werden. Meine Vorstellung dabei ist immer „Steine aus dem Weg räumen und Rückenwind geben". Das hört sich einfacher an, als es ist. Organisation hat immer etwas mit Emotion zu tun: „Mein Bereich! Wie die anderen das machen, ist mir egal" oder „Wenn der Müller Gruppenleiter wird, dann geh ich". Erschwerend kommen Politik, persönliche Ambitionen und konträre Ziele hinzu: „Wir werden die Entwicklungsabteilung komplett zu unserer neuen Niederlassung verlegen. Nach der Fusion sollen die Projekte ungestört weiterlaufen." Der Manager steht hier sozusagen vor einem kombinatorischen Optimierungsproblem: aus einer Menge an gegensätzlichen Möglichkeiten die Kombination zu wählen, die am wenigsten Schaden anrichtet, oder – anders formuliert – ein Optimum auf dem Weg zu mehreren Zielen zu finden.

Als einen der wichtigsten Aspekte erachte ich dabei das Abbauen von Hürden. „Überwinden" ist eine kurzfristige, sich wiederholende Tätigkeit, aber keine nachhaltige Lösung. Nur wer in einer Umgebung arbeitet, in der heute sicher ist, dass morgen zumindest ein Großteil der bekannten Regeln noch Gültigkeit hat und dass Ideen „oben" tatsächlich Gehör finden, wird sich auch engagieren. Schaffen Sie kein solches Terrain, werden Sie von Menschen umgeben sein, die nur das Nötigste tun, um nicht unangenehm aufzufallen. Ihre Energie werden sie dann nach Feierabend als Vereinsvorsitzender, nebenberuflich Selbstständiger oder als Mitarbeiter im Geschäft des Partners einsetzen.

## Energie einsetzen

Natürlich kann das Entfalten von Energie auch nach hinten losgehen. Wenn jeder seinen eigenen Wünschen, Neigungen und Talenten nachgeht, laufen vermutlich alle in unterschiedliche Richtungen – und das von Ihnen angeschoben, mit voller Kraft. Es bedarf gemeinsamer Ziele, damit die Energiewirkung in eine Richtung geht. Dies setzt natürlich voraus, dass es „echte" Ziele gibt und dass diese auch bekannt sind. „Wir müssen mal für unseren Entwicklungsprozess Vorlagen erstellen" ist genauso wenig ein Ziel wie „Man müsste die vorhandenen Projekte auf Wiederverwendbarkeit untersuchen". Doch darüber haben wir bereits im Abschnitt „Ziele" gesprochen.

Die Wege zu einem Ziel können vielfältiger Natur sein. Wenn in einem Projekt Termine eng gesetzt sind, können keine „Abstecher über Rom" eingeplant werden. Hier ist der schnellste Weg zum Ziel notwendig. Nur, wer sucht diesen jeweils schnellsten Weg? Der Manager natürlich. „Das mach ich schnell selbst. Bevor ich das dem Soundso erklärt habe, bin ich dreimal fertig." Ja – und wer immer alles selbst macht, wird auch in Zukunft immer alles selbst machen.

Um es nicht so weit kommen zu lassen, muss es Aufgabe des Managements sein, Mitarbeiter zu *befähigen*, Ziele *selbstständig* erreichen zu können. Und zwar sowohl durch Ausbildung als auch durch die Vergabe entsprechender Kompetenzen. Wer um sich herum Menschen ohne Know-how versammelt, muss immer jeden Schritt selbst vorgeben. Wenn diese auch keine Kompetenzen haben, muss der Manager ebenso jede Entscheidung selbst fällen. „Legen Sie es her, ich kümmere mich darum" ist ein typisches Indiz für solche Zustände.

Entschuldigen Sie bitte, wenn ich auf diesem Thema etwas herumreiten sollte. Ich treffe jedoch unentwegt auf Unternehmen, in welchen es tatsächlich wie beschrieben zugeht. Überhöhte Kosten und Verluste entstehen nicht dadurch, dass jemand seine Arbeit macht. Sie entstehen dadurch, dass dieser Jemand seine Arbeit *nicht machen kann*. Sei es durch fehlende Ausbildung, fehlende Kompetenzen, fehlende Ziele, fehlende Unternehmensvisionen oder ein Management, das über jeden anzuschaffenden Kugelschreiber selbst entscheiden will.

Machen wir einen Abstecher in das Reich der Chemie: Der Begriff „Katalysator" stammt von dem griechischen Wort *katalyein* und bedeutet so viel wie „losbinden", „aufheben".

Bereits im Jahre 1835 erkannte Berzelius an chemischen Vorgängen eine grundlegende Eigenschaft, die er wie folgt beschrieb: „Es ist also erwiesen, dass viele ... Körper ... die Eigenschaft besitzen, auf zusammengesetzte Körper einen von der gewöhnlichen chemischen Verwandtschaft ganz verschiedenen Einfluss auszuüben, indem sie dabei in dem Körper eine Umsetzung der Bestandteile ... bewirken, ohne dass sie dabei mit ihren Bestandteilen notwendig selbst teilnehmen ... Ich werde (diese Wirkung) ... Katalyse nennen. Die katalytische Kraft scheint eigentlich darin zu bestehen, dass Körper durch ihre bloße Gegenwart und nicht durch ihre Verwandtschaft, die bei dieser Temperatur schlummernden Verwandtschaften zu erwecken vermögen ..." (Karl Hauffe. *Katalyse*. Walter de Gruyter, 1976).

**95**

Der *Katalysator* setzt durch seine bloße Anwesenheit eine Reaktion in Gang und geht schließlich unverändert aus dieser Reaktion hervor. Aus allen diesen Gründen lässt sich in meinen Augen gutes Management mit vier Worten umschreiben:

*Management ist eine Katalysatorfunktion.*

## Projekte managen

Unter „Projektmanagement" wird vielfach das Verwalten von Dokumenten, Kommunizieren mit dem Auftraggeber, Schreiben von Berichten oder Erstellen von Plänen verstanden. Wer sich mit solchen Dingen beschäftigt, braucht sich nicht zu wundern, wenn seine Projekte aus dem Ruder laufen. Das ist kein Projektmanagement, sondern das Ausführen von Verwaltungsaufgaben.

Projektmanagement ist wie der Begriff schon sagt „Management", in Zusammenhang mit einem „Projekt". Es hat also etwas mit der beschriebenen Katalysatorwirkung zu tun. Das Ergebnis dieser Katalyse ist das definierte Ziel des Projekts. Die Elemente, die an der Katalyse teilnehmen, sind Menschen, Vorgaben, Werkzeuge, Pläne und weitere Bestandteile eines Projekts.

Dass im Rahmen eines Projekts Pläne und Berichte entstehen und dass mit dem Auftraggeber kommuniziert wird, ist eine Folge des Managements, aber nicht das Management selbst. Dies wird leider oft verkannt. So geraten Projekte in Schieflage, obwohl „alle Pläne höchstpersönlich selbst erstellt" wurden. Dies ist, als würde man alle Sekretariatsarbeiten selbst erledigen und sich dann wundern, warum keiner etwas managt.

Sicher ist Ihnen aufgefallen, dass ich auch Pläne zu obigen Katalyse-„Zutaten" gezählt habe. Dies ist meiner Meinung nach korrekt, denn das Aufstellen eines Plans ist keine Managementtätigkeit. Ein Plan ist, wie bereits erwähnt, eine Absichtserklärung für die Zukunft. Er ist damit für den Augenblick etwas Statisches. Pläne sind Zutaten. Welche weiteren Zutaten es zu einem Projekt gibt, wurde in den vorausgegangenen Abschnitten bereits ausführlich dargestellt.

Projektmanagement lässt sich wie folgt veranschaulichen:

- Projektmanagement zielt darauf ab, mit solchen Zutaten das definierte Projektziel zu erreichen.
- Projektmanagement bedeutet auch, nicht passende Zutaten auszutauschen oder deren Zusammensetzung zu verändern.

Das bedeutet nicht, dass Sie selbst keine Zutaten herstellen dürfen – vermutlich werden Sie das bei einigen auch selbst müssen (z.B. Pläne oder Spezifikationen), sofern Sie diese Aufgaben nicht delegieren können. Wenden Sie dabei obige Sichtweise an und werden Sie nicht selbst zu einem Teil des Gerichts. Wer sollte dann verkosten?

Als Projektleiter müssen Sie nicht nur die Ziele bekannt machen und die Zielerreichung steuern. Sie müssen auch die treibende Kraft sein, wenn Ihrem Team einmal die Luft ausgeht oder alle einen Durchhänger haben. Wenn aber Ihr Team immer vorneweg läuft, dann hängt Ihnen vom Hinterherrennen bald die Zunge am Boden, und Sie fallen immer weiter zurück. Ein Leiter muss jedoch üblicherweise vorne sein (oder zumindest weiter blicken können als alle anderen), denn sonst steht Ihre Mannschaft plötzlich an einer Weggabelung und bleibt dort so lange stehen, bis Sie hinterherkommen, um zu sagen, ob es nach links oder rechts geht. Das sind die typischen Situationen, in welchen Sie nach dem Stand der Dinge fragen und man Ihnen mitteilt, dass eigentlich seit Tagen alles erledigt ist. Die Mitarbeiter beschäftigen sich mit Entspannungstätigkeiten (Ausprobieren von Farbeinstellungen der entwickelten Oberfläche, „Verschönern" von Programmcode etc.) und warten, bis jemand sagt, wie es weitergehen soll. Solche Situationen sollten Sie tunlichst vermeiden. Sie sind der Chef, Sie sagen wo es langgeht.

## Unterbrechungsfreie Stromversorgung

Bei Computern mit wichtigen Funktionen entschließen wir uns manchmal, ihnen eine unterbrechungsfreie Stromversorgung zu spendieren. Diese hat die Aufgabe, den Computer vor Stromschwankungen oder kurzzeitigen Stromausfällen zu schützen. Wir machen das vermutlich deshalb, weil wir befürchten, uns viel Aufwand und Ärger einzuhandeln, wenn das entsprechende System durch einen Ausfall nicht mehr zur Verfügung steht. In vielen Fällen, in welchen solche so genannten USVs notwendig wären, werden sie nicht installiert. Dies legt den Schluss nahe, dass in den Fällen, wo sie eingesetzt werden, die Verantwortlichen umso mehr davon überzeugt sind, dass der unterbrechungsfreie Betrieb dieser Systeme für das Unternehmen lebenswichtig ist.

Was passiert eigentlich, wenn bei Ihnen mitten in der PC-Arbeit ein Programm abstürzt, sagen wir einmal der E-Mail Client? Sie „schießen" das Programm mit dem Task Manager ab, weil es nicht mehr reagiert. Sie versuchen es neu zu starten, doch es bleibt beim Startvorgang hängen. Deshalb entschließen Sie sich, den Rechner neu zu booten. Also: erst einmal den Text in der Textverarbeitung speichern, an dem Sie gerade arbeiten. Die Tabellenkalkulation im Hintergrund und das Zeichenprogramm, aus dem Sie Daten kopiert haben, müssen auch geschlossen werden. Schade, beim Neustart sind natürlich auch die ganzen offenen Internetseiten verschwunden, die Sie recherchiert haben. Also: die Seiten noch schnell bookmarken oder speichern. Jetzt aber: Neustart. Der Rechner fährt wieder hoch. Sie überlegen, vor einem leeren Desktop sitzend, was Sie eigentlich gerade genau gemacht haben. Hm. Faden verloren. Ärgerlich. Sehr ärgerlich.

Unterbrechungsfreies Arbeiten ist wichtig. Vielleicht das Wichtigste? Ich kenne ein Unternehmen, in dem das Management jedem Server PC von produktiv laufenden Projekten eine USV spendiert hat. Eine wirklich kluge Entscheidung. Diese Computer sind wichtig. Unterbrechungen kann sich dort niemand leisten. Das wäre katastrophal. Schließlich wurde den Kunden vertraglich unterbrechungsfreier Betrieb zugesichert. Die Mitarbeiter des gleichen Unternehmens sitzen in Großraumbüros. Ohne Abtrennungen, bis auf brusthohe Schränkchen oder Pinnwände an manchen Arbeitsplätzen. An der Eingangstür wird ständig geklingelt. Kein Problem. Irgendjemand geht immer öffnen. Wozu denn einen mobilen elektronischen Türöffner (Kostenpunkt ca. 500 Euro mit Einbau)? Damit es auch jeder hört, ist die Klingellautstärke dem ca. 100 qm großen Raum angepasst. Alles ist sehr modern eingerichtet: Moderne hellgraue Kunststoffböden, viel Glas, keine altmodischen Teppiche. Schöne weitläufige Betondecken ohne optische Unterbrechungen. So wie es im Fernsehen bei jungen Unternehmen aus den USA bekannt ist. Hier werden in renovierten Fabrikgebäuden Millionen gescheffelt. „*Lofting*" eben. – Bei kontinuierlich 60 dbA Schallpegel. Der Rhythmus machts: Dreimal Telefon, einmal Tür, zwei Fragen von Kollegen. Einmal Telefon, Pause, zweimal Tür, eine Frage vom Kollegen. Lange Pause. Tür, Tür, Telefon. Haben Sie es erkannt? Das war die Ouvertüre von „Ich bleibe abends immer länger, denn dann kann ich endlich einmal in Ruhe arbeiten".

Wenn wir unseren Kunden in Verträgen zusichern, deren Produktivrechner mit USVs abzusichern, dann sollten wir eigentlich auch unseren Mitarbeitern in deren Verträgen unterbrechungsfreies Arbeiten zusichern. Das wäre ein guter Absatz im Abschnitt: „Wir erwarten von Ihnen 100 % Leistung." Ach ja: „Deshalb erlauben wir Ihnen auch keine Nebenerwerbstätigkeit."

Bevor es noch trauriger wird: Das wertvollste Kapital in einem Unternehmen sind immer dessen Mitarbeiter. Selbst Großbanken leben davon, dass dort Menschen mit den verfügbaren materiellen Ressourcen wirtschaften. Werden diese Menschen bei der Arbeit ständig unterbrochen, so wirkt sich das nachhaltig auf das Endergebnis aus, wie zahlreiche Studien zu diesem Themenkreis immer wieder zeigen. Ermöglichen Sie es Ihren Mitarbeitern, unterbrechungsfrei zu arbeiten. Ansonsten wird die Erzeugung von Ergebnissen mehr Zeit in Anspruch nehmen, als von den Betroffenen zuvor (unter der Annahme unterbrechungsfrei arbeiten zu können) geschätzt wurde. Auch die Qualität der Ergebnisse wird diesen Sachverhalt deutlich widerspiegeln.

## Motivation

In den letzten Jahren belegt bei Umfragen nach dem wichtigsten Aspekt im Beruf eine Antwort immer wieder Platz eins: „Die persönliche Erfüllung." „Ein hohes Gehalt" hat dagegen immer geringere Bedeutung. Warum werden dann immer noch Bonusprogramme zur Motivation von Mitarbeitern erfunden? Dafür gibt es zwei einfache Gründe: *Erstens* ist es ungemein praktisch, eine Aufgabe, die in der Geschäftsführung oder dem oberen Management selbst nicht gelöst werden kann, in Form einer Zielvereinbarung abzuschieben: „Wir sind unrentabel. Ich erwarte, dass Ihr Bereich rentabel wird" ... wie denn, wenn die gesamte Unternehmensstruktur dies nicht zulässt? *Zweitens* ist es viel leichter, jemandem eine vage formulierte Aufgabe in sein Terrain zu werfen und zu sagen „Such!, such'!", als diesen Menschen kontinuierlich so zu unterstützen, dass er aus seiner Arbeit selbstständig motivierende Erfolgserlebnisse ziehen kann. Ziel erreicht? „Braver Mitarbeiter – hier hast Du Dein Geld – zur Belohnung."
Ach ja, das Gegenteil von Belohnung ist übrigens Bestrafung. Ziel nicht erreicht? „Wir haben's ja gleich gesagt. Du schaffst das nicht. Zur Strafe behalten wir einen Teil deines Gehalts ein, den wir wohlweislich schon einmal zurückgehalten haben – wir haben's ja geahnt." Sie bemerken zu recht, dass es so dargestellt eine unmögliche Behandlung von Menschen bedeutet, sie *per se* als unmündig und eventuell unfähig zu betrachten. Nichts anderes spiegelt dieses Verhalten wider. „Wir gehen davon aus, dass du das nicht erreichst. Zwischenzeitlich behalten wir einen Teil von deinem Gehalt ein, da wir dir nicht ganz vertrauen können – du kannst uns sicher verstehen" (Hundeblick eines altgedienten Managers).

Ich kenne Unternehmen, die wochenlang Anstrengungen unternehmen, für ihre Mitarbeiter Zielvereinbarungen zu erfinden, um letztendlich – wie jedes Jahr – resignierend irgendwelche „Dummy-Vereinbarungen" abzuschließen, nur damit das Thema endlich vom Tisch kommt. Konsequenz: Der „Erfolg" der Zielerreichung ist nur Makulatur, denn die Tatsache, *dass* der Bonus ausbezahlt wird, ist mit Abschluss der Dummy-Vereinbarung bereits besiegelt. Anstatt sich auf das Tagesgeschäft zu konzentrieren, verfolgen die Mitarbeiter nun mehr oder weniger sinnvolle „Dummy-Zielchen", denn dort liegt ein Teil ihres Gehalts. Meist sind diese noch entsprechend aufwendig, „denn es soll ja schließlich auch eine Herausforderung sein", und die Erreichung aufgrund ihres Dummy-Charakters schwer nachzuweisen, was den Aufwand nochmals in die Höhe treibt. In einem solchen Umfeld ist es nicht unüblich, dass Mitarbeiter kündigen, weil sie einmal zu oft ihren Zielvereinbarungen hinterherlaufen mussten.

*Motivation kommt immer von innen.* Von außen Einfluss nehmen, also Manipulieren, hat nichts mit Motivation zu tun, außer dass es immer negativ auf vorhandene Motivation wirkt. „Wir geben Ihnen die Möglichkeit, sich zu entfalten. Sie müssen nur das Ziel so und so erreichen." („Wie Sie dahin kommen, ist Ihr Problem, und ob wir Sie lassen, ist überhaupt eine ganz andere Frage.") Eine Abteilung zum führenden Bereich innerhalb des Unternehmens aufbauen zu wollen, aber dem Verantwortlichen kein Geld für Ausbildung, Werkzeuge und Personalaufbau zuzugestehen, ist wirklich absurd. Solche Beispiele gibt es leider wie Sand am Meer.

Echtes Motivieren setzt zwei Dinge voraus: Vertrauen und Unterstützung. Dies kann nur in einer Umgebung herrschen, in der sich die Beteiligten ihrer Sache wirklich sicher sind. Solche Profis sind im Geschäftsleben leider selten. Deshalb wird Motivation statt mit Vertrauen und Unterstützung meistens mit Kontrolle und Einflussnahme ausgeübt. „Komisch, dass alle immer so demotiviert herumhängen. Wir sollten mal ein Bonusprogramm einführen und die Jungs ein bisschen auf Trab bringen."

Das wesentliche Fundament von Motivation ist die Tatsache, „Erfolg" haben zu können. Es ist dabei völlig egal, ob es ein Kind ist, das für ein besonders schönes Bild gelobt wird, ein Spitzensportler, der eine Medaille erringt, oder ein Softwareentwickler, der ein wirklich kniffliges Problem geknackt hat.

Die Tatsache, dass sich in meinem Bekanntenkreis viele an die „Fleißbildchen" der Grundschule erinnern, spricht Bände. Falls Sie diese nicht

kennen: spielkartengroße Bildchen, von der Klassenlehrerin für besondere Leistungen vergeben. Solche Ereignisse liegen immerhin mehrere
Jahrzehnte (!) zurück, und es sind auch keine außergewöhnlichen Natur-
katastrophen, an die man sich unbedingt erinnern müsste. Es ist wirklich unglaublich, was echtes Lob und Anerkennung bewirken und wie
lange man sich daran mit Freude erinnert.

Ich arbeitete vor Jahren für eine Firma, in der alle Projektmitarbeiter bei Planunterschreitung einen Bonus erhielten. Einige Monate
nachdem ich die Firma verlassen hatte und für ein anderes Unternehmen arbeitete, lag ein Brief in meinem Briefkasten:

*„Sehr geehrter Herr Mangold, aufgrund Ihrer sehr guten Leistungen
im Projekt xyz haben Sie dazu beigetragen, dass die geplanten Auf-
wände unterschritten werden konnten. Wir freuen uns somit, Ihnen
einen anteiligen Bonus in Höhe von xxx auszahlen zu können ..."*

WOW! Erstens hatte ich nie danach gefragt, und zweitens hätte die
Firma dies gar nicht tun müssen, da ich bereits nicht mehr dort angestellt war. Das nenne ich unternehmerische Größe! Keine Frage, dass
ich jahrelang (natürlich auch aus anderen Gründen) diese Firma als
guten Arbeitgeber weiter empfohlen habe. – Eine typische Win-Win-
Situation und eine bleibende positive Erinnerung.

Erfolg zu haben, ist eine der wesentlichen Triebfedern unseres
Daseins. Nützen Sie diese Energie in Ihrem Umfeld und lassen Sie die
anderen Erfolg haben. Machen Sie ihnen den Weg frei und hängen Sie
die Ziele immer gerade so hoch auf, dass diese erreichbar sind und eine
Herausforderung darstellen. Beachten Sie, dass Menschen bei solchen
Dingen sehr selbstkritisch sind. Erfolg wird nur dann empfunden, wenn
es sich nicht um Trivialitäten handelt. Dies bedeutet natürlich für jeden
etwas anderes. Der „C++-Feind" wird sich an sein erstes lauffähiges und
anspruchsvolles C++-Programm sicher lange Zeit erinnern. Der Kom-
munikationsscheue wird um einige Zentimeter größer vom Kundenge-
spräch oder von seinem ersten Vortrag vor versammelter Mannschaft
zurückkommen. Wichtig ist, dass die Ziele auch erreichbar sein müssen.
Sie können einen kommunikationsunfähigen Einzelgänger, der sich nur
vor seinem Compiler wohlfühlt, nicht „per order de mufti" über Nacht
zum Präsentationsgenie machen. Mit Befehlen oder übertriebenen „Moti-
pulationen" (Manipulierung zur Motivation) erreichen Sie genau das
Gegenteil. Und eine Blamage oder ein Misserfolg wird überproportional
stärker empfunden als ein noch so kleiner Erfolg. Hier sind also gute
Menschenkenntnis und Fingerspitzengefühl gefragt.

# Das Nest

Es ist offensichtlich, dass Projektmanagement nicht nur in unterschiedlichen Projekten unterschiedlich ist, sondern auch die Umgebung die Art und Weise des Managements maßgeblich bestimmt (z. B. Entscheidungen über mehrere Hierarchieebenen hinweg oder auf Zuruf). Einige in diesem Buch dargelegten Vorgehensweisen sind eher in Unternehmen ab mindestens 50 Mitarbeitern sinnvoll, andere wiederum sind generisch, egal ob Sie selbst der Chef sind und zwei Mitarbeiter haben oder als Teilprojektleiter in einen Großkonzern eingebettet sind. Grundsätzlich falsch wäre es, alle bisher beschriebenen Methoden aus Prinzip anzuwenden, weil irgendjemand gesagt hat, man brauche für das aktuelle Vorhaben professionelles Projektmanagement. Professionell bedeutet eben auch „der Situation angepasst" und nicht „dem Guru folgend" (wem auch immer). Wenn Ihr „Projekt-Nest" bildlich gesprochen in einer Baumkrone hoch über den Amazonaswäldern liegt, haben Sie vermutlich ganz andere Dinge zu beachten, als wenn Sie Ihr Projekt in einem Baumstamm oder neben dem Bahndamm einer rege frequentierten Eisenbahnlinie ausbrüten müssen. Nachfolgende Rahmenbedingungen halte ich für eine Lagebeurteilung als besonders wichtig.

## Unternehmensstrukturen

### Konzern

Sind Sie in einen Konzern eingebettet, werden Sie vermutlich nicht umhinkommen, auch auf den ersten Blick unsinnig erscheinende Vorgehensweisen und Strukturen zu übernehmen, weil es interne Vorschriften so verlangen. Identifizieren Sie die für Ihr Projekt passenden/hilfreichen/notwendigen Vorgehensweisen und nutzen Sie das Wissen anderer, die diese Hilfestellungen entwickelt haben. Halten Sie sich nicht mit den für Ihr Vorhaben unnötigen Elementen auf, sondern reduzieren Sie diese auf ein notwendiges Minimum, ohne die Vorschriften zu brechen.

Beispiel: Man hat Ihnen die Erweiterung einer internen Datenbankanwendung um Funktionalität xyz als Projekt aufgetragen. Dazu haben Sie zwei Mitarbeiter und drei Monate Zeit. Wenn Sie sich jetzt mit dem Verstehen der internen ISO 9001 oder dem unternehmenskonformen Tailoring („Zurechtschneiden") des V-Modells auseinandersetzen, dann reiten Ihre Entwickler schon mal los und Sie sind die restliche Zeit damit beschäftigt, das in Formalien nachzuziehen, was

Ihr Team jeden Montag im Projektmeeting berichtet. Meiner Erfahrung nach muss man gerade kleine Projekte mit besonders viel Intelligenz und hoher Teaminteraktion führen, sonst frisst der Bürokratismus einen Großteil der Zeit und Motivation auf.

In großen Projekten (viele Beteiligte und/oder lange Laufzeit) ist das etwas anders: Hier hält der Bürokratismus das Team zusammen, denn nach einem Jahr an der gleichen Aufgabe muss es einfach (entspannende) wiederkehrende Routinen und Formalismen geben, an denen man sich festhalten kann, auch wenn das Ganze nicht so läuft, wie man es sich anfangs vorgestellt hat. Dann besteht jedoch die Gefahr, dass sich alle auf das Erfüllen von Formalien spezialisieren (denn das ist ungefährlich und meist wenig anstrengend), letztlich aber keiner mehr an der Lösung des Problems arbeitet. Sobald Sie diesen Eindruck gewinnen, müssen Sie die Notbremse ziehen und das Team wieder zur Zielerreichung motivieren (siehe Abschnitt „Motivation" oben). Ein offenes Gespräch ohne Vorwürfe, mit einer sachlichen Darstellung der Lage, wirkt meiner Erfahrung nach Wunder (dies gilt gleichermaßen in allen Umfeldern und Situationen und nicht nur im Konzern).

## Mittelstand

Arbeiten Sie bei einem mittelständischen Unternehmen, haben Sie vermutlich mehr Handlungsspielraum mit Ihrem direkten Vorgesetzten festzulegen (eventuell direkt mit dem Geschäftsführer), welche Vorgehensweise Sie für das aktuelle Projekt für sinnvoll erachten. Befreien Sie sich von so viel formalem Ballast wie möglich, ohne das Notwendige aus den Augen zu verlieren. Wenn das Unternehmen nach irgendeinem Standard zertifiziert ist, werden Sie nicht umhinkommen, diesen Anforderungen nachzukommen. Es führen jedoch bekanntlich viele Wege nach Rom, und individuelle Änderungen der Vorgehensmodelle sind hier tendenziell leichter zu verhandeln, da es weniger Personen über Ihnen oder neben Ihnen gibt, die aus Angst um Ihre Stellung auf die Einhaltung aller (auch der aktuell unnötigen) Formalien bestehen. Hinterfragen Sie einfach: „Brauche ich das hier und jetzt?" und sprechen Sie mit Ihrem Vorgesetzten darüber. Eventuell halten Sie eine bisher im Unternehmen ungenutzte Methode für aktuell sinnvoll (z. B. eXtreme Programming, siehe unten) – nur weiß noch niemand, wie diese Methoden mit den aktuellen Regularien in Konformität zu bringen sind. Diskutieren Sie die Möglichkeiten mit Ihrem Chef. Je kleiner das Unternehmen ist, desto höher sind meiner Erfahrung nach die Chancen, auch Unkonventionelles durchzusetzen.

## Kleinstunternehmen und Kleinunternehmen

Sind Sie in einem Kleinstunternehmen (Definition der Europäischen Kommission: bis neun Beschäftigte und bis zu 2 Mio. EUR Umsatz oder Bilanzsumme) oder Kleinunternehmen angestellt (bis 49 Beschäftigte und bis zu 10 Mio. EUR Umsatz oder Bilanzsumme) und man hat Ihnen die Durchführung eines Projekts anvertraut. Das Fundament Ihrer Aufgabe ist meiner Erfahrung nach meist Folgendes: Man braucht dringend Ihre Hilfe als autonom denkender und arbeitender Mensch, denn in einer Firma mit bis zu 50 Mitarbeitern hat quasi jeder eine Schlüsselrolle (zumindest im Dienstleistungsgewerbe). Hier ist wenig bis kein Raum für Hierarchieebenen und komplizierte Strukturen. Man hat Sie eingesetzt, weil der Geschäftsführer dringend jemanden braucht, der das Projekt durchzieht. Man erwartet von Ihnen vermutlich, dass Sie sich nicht an Richtlinien entlanghangeln, sondern dass Sie selbst Vorschläge erarbeiten und pragmatisch und schnell zum Ziel kommen. Nutzen Sie diesen Handlungsspielraum und die kurzen Entscheidungswege. Klären Sie die Situation direkt mit der höchsten Entscheidungsebene. Am besten direkt mit der Geschäftsführung.

## Selbstständig

Sind Sie selbstständig und somit gleichzeitig der Projektleiter, dann brauchen wir eigentlich nicht weitersprechen, denn Sie wissen, dass nicht die Projektdurchführung, sondern letztlich das fertige Projekt den Ertrag bringt. Ich ermuntere Sie in dieser Situation umso mehr: „Sapere aude!" Wenn Sie nicht gerade auf der grünen Wiese anfangen und bisher völlig erfolglos waren, dann wissen Sie am besten, was in Ihrem Fall gut ist. Lassen Sie sich nichts einreden und folgen Sie nicht fremden Checklisten. Die Tatsache, dass Sie bereits selbstständig sind und sich mit dem Thema Projektmanagement intensiv auseinandersetzen, lässt mich vermuten, dass Sie ein differenziert denkender Mensch sind. Vermeiden Sie lediglich die in diesem Buch beschriebenen Fehler (was auch schon eine ziemliche Herausforderung ist), und ich bin mir sicher, dass Sie dort ankommen, wo Sie hin wollen.

# Art des Projekts und eine Lanze für XP

Die Art des Projekts ist ebenso entscheidend für das Vorgehen. Handelt es sich um ein externes Kundenprojekt oder ein internes Projekt? Wollen Sie ein neues Produkt entwickeln oder nur eine interne

E-Mail-Integration in Ihrem Office-Paket realisieren? Je nachdem, in welchem Umfeld Sie sind, kann es sein, dass es keine Unterschiede zwischen internen und externen Projekten gibt. In Konzernen beispielsweise werden Projekte zwischen Abteilungen oft so beauftragt und bezahlt, als wenn die auftraggebende Partei ein externer Kunde wäre. Ebenso kann es in Kleinstunternehmen passieren, dass ein internes Projekt wie ein Großauftrag mit allen Formalitäten abgehandelt werden soll, da das Unternehmen eine Zertifizierung anstrebt. Deshalb lassen sich hier keine pauschalen Ratschläge geben, welches Projekt wie am geschicktesten zum Erfolg geführt werden kann.

Als Sonderfall möchte ich hier jedoch nochmals auf das Thema eXtreme Programming (XP) im Bereich Produktneuentwicklung eingehen.

Meiner Erfahrung nach sind XP-Methoden für wirkliche Neuentwicklungen gut geeignet. Gerade wenn sich ein kleines Unternehmen mit einem neuen Produkt ein weiteres Standbein schaffen will, bietet sich XP an. Denn XP bietet Ihnen die Chance Visionen der Art „bis zum xx.xx.xxxx haben wir eine verkaufsfähige Version von yyy" auf dem kleinen Dienstweg zu realisieren. Insbesondere dann, wenn die Zielfunktionalität nicht genau bekannt ist und eine bisher unbekannte Technologie eingesetzt werden soll. Vorsicht: Dies funktioniert nur, wenn Sie wirklich sehr (!) gute Mitarbeiter haben (mindestens einen pro drei Personen im Entwicklerteam) und die Teammitglieder diesem Profi auch folgen. Es muss auch klar sein, dass es nicht genügt, „keine Ahnung" zu haben und erwarten zu können, in zwei Monaten entstünde aufgrund dieser Methode plötzlich etwas ganz Tolles. Eigentlich gilt genau das Gegenteil: Wer XP erfolgreich einsetzen will, muss sehr viel Ahnung und sehr viel Vorstellungskraft von dem mitbringen, was das Endergebnis können soll. Dann – und nur dann – können die Methoden freier, „extremer", sein.

Es ist wie bei Extremkletterern. Diese Personen hangeln sich mit minimaler Ausrüstung und ebensolcher Leichtigkeit an so manchem Steilhang empor, bei dem anderen schon alleine beim Hinschauen schwindelig wird. Trotz aller Leichtigkeit ist nicht zu vergessen, dass dies absolute Spitzensportler sind, die ihr gesamtes Körpergewicht notfalls an zwei Fingern halten können. Haben Sie in Ihrem Team im übertragenen Sinn eher Sportmuffel, sollten Sie es tunlichst vermeiden, einen Steilhang zu erklimmen. Denn dann brauchen Sie sich nicht wundern, wenn Sie auf einmal alleine dastehen (oder schlimmer noch: hängen). Der Rest vom Team ist beim ersten Imbiss eingekehrt und vergnügt sich mit gutem alten C++-Salat an Pflichtenheftdressing, denn diesen Geschmack kennen sie.

Haben Sie jedoch gute Mitarbeiter, die intelligent und selbstständig neue Probleme lösen können, und sind allen Beteiligten das Endziel und die Etappenziele klar, dann ist XP das Mittel der Wahl, schnell zu guten Ergebnissen zu kommen. Lesen Sie sich auf alle Fälle in das XP-Thema mit einem guten Buch ein. Besser noch, lassen Sie Ihre Spitzenentwickler sich in das Thema einarbeiten und es dem restlichen Team über einen internen Workshop nahebringen.

Selbstverständlich lässt sich XP auch in anderen Projekten erfolgversprechend einsetzen. In größeren Umfeldern (Konzern, externe Kunden, mehrere Hierarchieebenen etc.) ist die Idee von XP oft nur schwer umzusetzen, denn XP lebt von Kommunikation. Aber nicht jeder Vorgesetzte oder Kunde möchte ständig über das Projekt diskutieren. Oftmals werden Projekte als „Abschiebeinstrumente" genutzt, um sich mit dem Thema nicht mehr befassen zu müssen. Nur das Ergebnis zählt. Grundsätzlich gilt aber in jedem Projekt und in jedem Umfeld: Kommunizieren Sie! – unabhängig davon, ob Sie nach V-Modell oder XP-Methoden arbeiten.

## Der Hypnoseladen

Kürzlich, an einem verkaufsoffenen Sonntag, landete ich in einer Kleinstadt. Ich parkte mein Auto zentral, direkt vor einem Hypnoseladen. Neugierig, und weil ohnehin viel Zeit zum Anschauen der Geschäfte war, ging ich in den Laden hinein. „Wenn Sie was brauchen, sagen Sie Bescheid", sagte eine nette Dame. „Ja, mich interessiert, was Sie eigentlich so machen." (Ein Hypnoseladen mit angeschlossener „Akademie" in diesem „Nest" schien mir so merkwürdig, dass das Ganze schon wieder interessant war.) „Ja, Moment bitte." Die Dame lief weg, um sich kurz mir ihren Kollegen hinter der Kasse zu besprechen. Gleich darauf kam sie mit einer kleinen Faltbroschüre wieder, die sie vor mir aufklappte und darauf herumdeutete. „Ja, wir sind also eine Hypnoseakademie." „Ja, das steht ja auch auf dem Schild über Ihrem Eingang", konterte ich. „Hier können Sie Hypnose lernen." Ich wandte ein, dass man wohl kaum in einem Wochenendseminar zum Hypnotiseur ausgebildet werden könne. „Ja, wollen Sie denn Hypnose lernen?" Ich wiederholte, dass ich mich eigentlich grundsätzlich dafür interessierte, was dieser Laden so zu bieten hat, zumal die gesamte Akademie über zwei große Ladenräume verfügt, zentral am Markplatz gelegen ist und das Ganze doch ziemlich vielversprechend aussieht. „Ja, also", deutete Sie weiter auf die Broschüre. „Hier können Sie alles ganz genau nachlesen, www.??... (sie konnte das Wort „Coach" nicht aussprechen), oder besser noch hier, www.???.de", deutete sie. „Am Besten Sie schauen Sich das alles mal in Ruhe im Internet an."

In diesem Moment fiel es mir wie Schuppen von den Augen – Hypnose schon beim Beratungsgespräch – genial! Wie in Trance verließ ich den Laden, um mich draußen im Sonnenlicht wieder zu sammeln. Wow! Zwei große Ladengeschäfte, zentral gelegen (vermutlich die höchste Miete im Ort), zwei Verkäufer/Berater hinter der Theke, ich in der Mitte des Ladens stehend, und meine Beraterin sagt mir, ich solle doch am Besten ins Internet gehen, um mehr über den Laden und die Akademie zu erfahren. Mir fehlten die Worte.

In meinen Berufsanfängen hatte ich den Satz „Jeder Mitarbeiter ist ein Verkäufer" nie wirklich verstanden, da ich als Entwickler davon ausging, dass mein Projektleiter oder die Geschäftsführung den Kontakt zum Kunden aufbaut und pflegt. Dies ist prinzipiell auch richtig. Nur: Dieser Kontakt kann noch so gut sein, durch eine unachtsame oder schlecht gelaunte Antwort dem Kunden gegenüber kann diese Beziehung ganz schnell einen ziemlich großen „Knacks" bekommen. Stellen Sie sich vor, Ihr Top-Kunde Herr Maier ruft an, weil er eine technische Frage zu dem von Ihnen gelieferten System hat. Sie sind nicht im Haus und Ihre Sekretärin oder ein anderer Mitarbeiter nimmt den Anruf entgegen und verbindet zu den Entwicklern, „weil die sich ja schließlich am Besten auskennen müssten".

Am Telefon: „Hallo? Ach, ja – ach, die Funktion, die ist ja noch nie gegangen. Moment mal." In den Hintergrund rufend, Telefon mit der Hand zugehalten (was übrigens lediglich dazu führt dass der Kunde alles hört, nur etwas gedämpft): „Klaus! – Hast Du da an dem Ding in der letzten Version noch was rumgeschraubt? Der Meier hat schon wieder mal Probleme – Stöhn. – Ach so, ja, danke." Wieder in den Telefonhörer: „Also, das kann schon sein, dass das nicht geht. Wir wissen auch nicht warum. Das haben wir unserem Projektleiter auch schon oft gesagt, aber den interessierts nicht." – Drei Jahre Kundenbeziehung in 60 Sekunden zerstört.

Ähnliche Situationen erlebe ich leider bei anderen immer wieder. Gerade in kleinen und mittleren Unternehmen passiert dies relativ häufig, da hier aufgrund eines schlanken Managements die Wege zu den Entwicklern von außen relativ kurz sind.

Sie könnten zwar Ihre Sekretärin und den Empfang anweisen, keine Telefonate zu den Entwicklern durchzustellen (was ohnehin eine ziemlich merkwürdige Bevormundung wäre). Sie können jedoch vermutlich nicht alle Mitarbeiter der Firma instruieren, wer wann an wen durchgestellt werden darf.

Es gibt auch bessere Lösungswege: Fragen Sie Ihre Mitarbeiter einmal, wer denn eigentlich ihr Gehalt zahlt. Sie werden mit Sicherheit alle möglichen Antworten bekommen, wie z. B. „die Firma" oder „der Geschäftsführer". Vermutlich wird aber keiner sagen „der Kunde". Letztlich ist es aber ausschließlich der Kunde, der dafür sorgt, dass die Firma überhaupt Gehälter zahlen kann. Niemand anders. „Keine Einkünfte" bedeutet auch „keine Ausgaben möglich" (zumindest nicht sehr lange).

Machen Sie das Ihren Mitarbeitern bewusst. Zeigen Sie Ihnen auch, wie man die „Mute-Taste" am Telefon bedient (auf Wartemusik stellen), und verdeutlichen Sie, wie wichtig professionelles Verhalten gegenüber jedem externen Anrufer/Kontakt ist. Den Mitarbeitern muss klar sein, dass jeder von ihnen (wirklich jeder) die Firma repräsentiert und somit auch eine Verkäuferrolle besitzt – und damit letztlich sein Gehalt sichert.

Was aber auf keinen Fall passieren darf: dass sich der Kunde mit den Entwicklern „kurzschließt" und hinter Ihrem Rücken Änderungen und Erweiterungen beauftragt. Genauso wenig dürfen die Entwickler direkt dem Kunden Versprechungen machen oder ihm Patches oder sonstige neue Projektergebnisse zusenden. Auch dies muss im Team unmissverständlich klar sein.

Wenn Sie das erreichen, haben Sie eine wesentlich entspanntere Rolle und ein professionelleres Umfeld, in dem insbesondere Probleme schneller und besser gelöst werden können. Sie müssen sich keine Sorgen machen, was passiert, wenn Sie einmal nicht da sind. Sie können wesentlich einfacher delegieren und sind nicht mehr der Flaschenhals zum Kunden.

Und der Hypnoseladen? Vermutlich weiß der Besitzer gar nicht, wie viel Geld er zum Fenster hinauswirft, und vermutlich hat der jungen Dame nie jemand gesagt, was sie potenziellen Kunden sagen soll. Gutes Auftreten allein hilft also nicht weiter, wenn das fachliche Know-how fehlt. Wenn ich als potenzieller Kunde merke, dass meine Beraterin nicht einmal die Homepage korrekt aussprechen kann, weil sich ein Fremdwort darin befindet, dann geht bei mir bereits die Alarmglocke an. Sie würden Ihr Auto vermutlich auch nicht guten Gewissens einer Werkstatt anvertrauen, wenn der Monteur Ihnen sagt

„Das Filter-Dings, na, ach ja, Sie wissen schon, muss mal gewechselt werden". Vermitteln Sie Ihren Mitarbeitern, dass nicht nur das „Wie", sondern auch das „Was" – also die Fachkompetenz – ein wesentlicher Erfolgsfaktor in der Kommunikation mit dem Kunden ist. Nur wenn der Auftraggeber das Gefühl hat, fachlich kompetent beraten und behandelt zu werden, wird er Ihnen sein Vertrauen schenken und Ihnen damit die notwendigen Freiräume gewähren, um sein Projekt erfolgreich und zügig umsetzen zu können.

P. S.: Sich so auszudrücken, dass der Kunde auch versteht, wovon man redet, gehört übrigens auch zur Fachkompetenz. „Ich schicken Ihnen einen Patch, damit Sie ein downgrade machen können. Dann sollte der Uplink zum Server wieder da sein." – Bitte?

## Die großen Steine bewegen

2460 m lang, 270 m hoch, vier Jahre Bauzeit. Das „Viaduc de Millau" ist die höchste und längste Schrägseilbrücke der Welt. Gebaut von 2001 bis 2004 in Frankreich an der A75 von Paris nach Barcelona. – Klingt eigentlich gar nicht so spannend. Wenn Sie diese Brücke aber live sehen und sich dabei überlegen, dass es von Menschen gebaut wurde und welche unglaublichen Dimensionen und gleichzeitig welche Präzision hier zusammenspielen, dann kommen Sie vermutlich aus dem Staunen nicht mehr heraus. (Wenn Sie die Brücke nicht kennen, sehen Sie einmal im Internet mittels Suchmaschine nach, es lohnt sich.) Wer denkt, Stahlbetonpfeiler bis in eine Höhe von über 240 m zu bauen, könne heutzutage nicht so schwer sein, der denke einmal an den 5-m-Turm aus dem Vorwort zu diesem Buch. Wem das nicht reicht, der schalte noch die Windmaschine mit 100 km/h zu und bewege dabei mehrere 10'000 Tonnen Stahl, Beton und Asphalt in dieser Höhe. Übrigens, die höchste Windgeschwindigkeit nach der internationalen Beaufort-Skala beträgt 118 km/h. Alles darüber wird als Orkan mit „schwerste Sturmschäden und Verwüstungen" klassifiziert. Das „Viaduc de Millau" ist auf Windgeschwindigkeiten bis zu 250 km/h ausgelegt – also alles in allem eine wahre Meisterleistung! Faszinierend bis ins kleinste Detail, wenn man sich überlegt, dass dies alles von ganz normalen Menschen geplant und durchgeführt wurde. Wenn ich vor solchen Bauwerken stehe (auch großen Autobahnen oder Tunnels), bin ich immer wieder fasziniert davon, was man mit der richtigen Planung, den richtigen Leuten, viel Fachwissen, Mut und natürlich auch Glück erreichen kann.

Was wir nicht beeinflussen können, ist der Faktor Glück. Alles andere jedoch ist definitiv beeinflussbar. Ich habe dieses Beispiel angeführt, um deutlich zu machen, dass wir nicht (nur) über kleine Projekte diskutieren, sondern eben auch über die wirklich großen. Zusammengefasst in einem Satz: „Wenn du eine sechsspurige Autobahn bauen willst, dann macht es keinen Sinn, mit Sandkastenschaufel und Sandkastenbagger anzufangen." Dies betrifft nicht nur die realen Werkzeuge, sondern vielmehr auch die mentale Einstellung. Jetzt kann man lamentieren darüber, dass in vielen Unternehmen Autobahnen gewünscht, aber nur kleine Schaufeln ausgeteilt werden. Die Kunst wirklich guten Managements zeigt sich genau hier: obwohl nur kleine Schaufeln ausgeteilt werden, das Umfeld dazu zu bewegen, die großen Bagger und Tieflader aufzufahren. Beim „Viaduc de Millau" hat ja auch niemand von vornherein gesagt: „Ihr habt alle Zeit und alles Geld der Welt. Fangt mal an." Die wirklich großen Steine lassen sich nicht über Nacht bewegen, und wer es nicht schafft, das Umfeld zu beeinflussen, kommt hier auch keinen Millimeter weit. Projektmanagement bei solchen Projekten beginnt fast immer auf der politischen Ebene. Man muss die richtigen Beziehungen zu den richtigen Leuten aufbauen. Nicht nur zu den direkten Vorgesetzten, sondern zu externen Zulieferern, zu internen und externen Beratern/anderen Abteilungen, zu alternativen internen/ externen Geldquellen etc. Stellen Sie sich vor, wie Ihr Chef jubelt, wenn Sie ihm mitteilen, dass Sie unter bestimmten Voraussetzungen einen Sponsor (z. B. für Entwicklungstools oder Test-Hardware) für Ihr Projekt hätten oder dass eine andere Abteilung das Projekt aus Gründen xyz mit unterstützen würde. (Vorsicht: nicht vor vollendete Tatsachen stellen. Ihr Vorgesetzter muss solche externen Einflüsse selbst entscheiden können.) Wenn Sie das alles geschafft haben und klar ist, woher die großen Bagger, Techniker, Materialen etc. kommen, dann können Sie jemanden beauftragen, der das eigentliche Projektergebnis plant und dessen Realisierung managed. In diesem Fall treten Sie quasi als „Projektentwickler" auf (jemand, der Politik und Öffentlichkeitsarbeit betreibt, nicht der, der es letztlich finanziert und realisiert). Der faszinierende Gedanke dabei ist, dass Sie auch innerhalb eines Unternehmens oder als externer Berater als Projektentwickler agieren können – auch wenn Sie gleichzeitig die Rolle des Projektmanagers innehaben. Wenn Sie diese Rollen für sich und Ihre Aufgabenstellung adaptieren und richtig ausfüllen, werden Sie schnell zu sehr guten Ergebnissen kommen können (spannende

# Haben wir uns überholt?

Heute arbeiten wir völlig selbstverständlich mit Gigahertz-Prozessoren, Gigabyte-Festplatten, Megabyte-Hauptspeichern, nur leider nicht mit Mega- oder Giga-Methoden. Zu allen technischen, methodischen, sozialen und politischen Problemen, welche die EDV schon immer mit sich gebracht hat, ist ein weiteres hinzugekommen: Der Einsatz von Computertechnik schreitet schneller voran als unser Wissen über die Lösung von Problemen damit. Forschung und Ausbildung hinken mittlerweile stark hinterher. Manche Entwicklungen, die noch vor wenigen Jahren topaktuell waren, stellen Unternehmen heute vor erhebliche Probleme, wenn solche Systeme in mittlerweile gewandelte soziale und technische Umgebungen neu integriert werden müssen.

Dieser Aufgabe versucht das Gros der Branche mit einem Mehr an Tools und Technologien zu begegnen. Man versucht, bestehende Systeme zu „wrapen", „bridges" zu bauen oder sie komplett zu migrieren, und erfindet dabei laufend Technologien wie CORBA, DCOM, Java, JINI oder SOAP. Diese sind sicher notwendig und hilfreich. Entscheidend ist lediglich, wie wir diese Möglichkeiten nutzen. Bauen wir Systeme so, dass sie auch in Zukunft ohne erhebliche Kosten weiterentwickelt und weiterverwendet werden können, oder nutzen wir unter Verwendung von Halbwissen Neues, nur um modern zu sein und kurzfristige Erfolge zu erzielen? Die Umwelt zwingt uns aus vielerlei Gründen oft trotz fehlenden Wissens Neues einzusetzen. Folglich arbeiten wir in Gebieten, in welchen meist nur wenige sowohl ihr Handwerkszeug beherrschen als auch die Aufgabenstellung verstehen. Das Austauschen von Werkzeugen oder das Erfinden neuer Technologien kann einen Mangel an fundamentalem Know-how nicht wettmachen. Diesem Umstand kann in Projekten nur mit entsprechendem Management begegnet werden.

Irgendwann wird uns die Technologisierung vielleicht so weit überholen, dass wir Sie in ihrer Gesamtheit nicht mehr verstehen und beherrschen können. Dem können wir nur entgegenwirken, indem wir Methoden entwickeln, die uns helfen, unsere Probleme mit den vorhandenen Mitteln auch tatsächlich zu lösen. Sonst heißt es am Ende wirklich: „Computer sind dazu da, die Probleme zu lösen, die wir ohne sie gar nicht hätten."

**113**

# Schlusswort

Es ist wie mit vielen anderen Dingen auch: Um etwas schlecht zu machen, gibt es unendlich viele Möglichkeiten. Um es gut zu machen, nur eine Handvoll. Diese wenigen Möglichkeiten zu erkennen und konsequent zu nutzen, muss das Bestreben eines guten Projektmanagers sein.

Projekte scheitern nicht an Technik, sondern an Menschen und ihrem Glauben, irgendwie ließe sich das Ziel schon erreichen. Leider gibt es oft nicht einmal ein Ziel, geschweige denn ein *gemeinsames*.

Kein Projektmanagement-Handbuch der Welt wird Ihnen vermitteln können: Machen Sie es so und so, und Sie sind automatisch erfolgreich. Genauso wenig gibt es eine Anleitung, wie Sie zum Starkoch oder zum Millionär werden, auch wenn immer wieder Bücher mit solchen Titeln geziert werden. Wenn das tatsächlich ginge, gäbe es vermutlich mehr Millionäre als schlechte Köche.

Was Ihnen solche Bücher vermitteln können, sind Grundlagen. Wenn Sie die in meinem Buch beschriebenen Grundlagen von Projektmanagement beherzigen und die aufgezeigten typischen Fehler vermeiden, haben Sie einen großen Schritt in Richtung „erfolgreiches IT-Projektmanagement" getan. Der Rest ist Übung, Erfahrung und natürlich ein bisschen Begabung.

... Lesen Sie dazu *Begabung in 5 Tagen* ... oder besser *Wien wartet auf Dich* (DeMarco und Lister 1999) und *Der Termin* (DeMarco 1998).

Herzlichst, Ihr Pascal Mangold

# Literatur

DeMarco Tom
*Der Termin.*
Ein Roman über Projektmanagement.
Hanser Fachbuch, 1998

DeMarco Tom, Lister Timothy
*Wien wartet auf Dich. Der Faktor Mensch im DV-Management.*
Hanser Fachbuch, 1999

DeMarco Tom, Lister Timothy
*Bärentango. Mit Risikomanagement Projekte zum Erfolg führen.*
Hanser Fachbuch, 2003

Erben Meinhard F., Günther Wolf, Kubert Michael, Zahrnt Christoph
*IT-Verträge: Wirksame und unwirksame Allgemeine Geschäftsbedingungen.*
Economica Verlag; 4., neu bearb. Auflage 2007

Hood Colin
*Requirements Management: Interface Between Requirements Development and all other Engineering Processes.*
Springer, Berlin, 2007

Pohl Klaus
*Requirements Engineering: Grundlagen, Prinzipien, Techniken.*
dpunkt Verlag GmbH; 2., korrigierte Auflage 2008

[Mangold]
www.it-projektmanagement-kompakt.de

Websites zu agiler Softwareentwicklung:
Agile Alliance: www.agilealliance.org
„Agiles Manifest" der Agile Alliance: www.agilemanifesto.org
Extreme Programming: www.extremeprogramming.org

# Index